교회를 세우는

가정예배

교회를 세우는
가정예배

초판 1쇄 인쇄 _ 2017년 11월 10일
초판 1쇄 발행 _ 2017년 11월 14일

지은이 _ 장대선

펴낸곳 _ 고백과 문답
등 록 _ 제2016-000127호
주 소 _ 서울특별시 영등포구 가마산로65길 15-4 (신길동)
전 화 _ 02-586-5451
이메일 _ largoviva@hanmail.net

편 집 _ 김윤미
인 쇄 _ 이레아트 02-2278-1886
총 판 _ (주)비전북 031-907-3927

ISBN 979-11-958998-2-1

교회를 세우는

가정예배

장대선 지음

고백과문답

차례

스코틀랜드 장로교회 총회, 가정예배의 문제를 시급한 현안으로 다룸

모든 장로교회들의 신학적 기틀을 확고히 세운 웨스트민스터 총회는 영국의 장기의회(the Long parliament, 1640-1653)를 배경으로 5년 6개월(1643-1649)에 이르는 장로교회 역사상 유례가 없는 긴 기간에 걸쳐 신앙고백과 교리문답을 도출하는 가운데서도, 당장의 시급한 현안들에 대해 결코 미뤄 두고 침묵하지 않았다. 즉 웨스트민스터 총회는 신앙고백(confession of faith)과 교리문답(Catachresis)의 작성에 앞서서 "예배모범"(Directory)과 "교회정치"(Church government)에 관한 것을 먼저 다뤘으니 1644년에 예배모범을, 1645년에는 교회정치를 도출시켰던 것이다. 물론 총회가 그처럼 예배모범과 교회정치에 대한 문서를 먼저 도출시켰던 배경에는, 잉글랜드와 스코틀랜드 사이에 체결되었던 '엄숙동맹'(Solemn League and Covenant)[1]이 관련되어 있다. 웨스트민스터 총회가 1643년 7월에 처음으로 소집된 후로 곧장 잉글랜드의 국내정세는 왕당파와 의회파 사이의 전쟁이 격화되기에 이르렀는데, 당시에 잉글랜드에서

---

1) 1643년 스코틀랜드 의회와 잉글랜드 의회 사이에 체결된 협정. 찰스1세와 전쟁 중인 영국 의회군이 스코틀랜드로부터 군사적 지원을 얻고자 동맹관계를 맺을 때 체결된 것으로 영국·스코틀랜드간의 종교적 유대관계를 골자로 하고 있다. 즉 스코틀랜드의 개혁(장로)교회 유지를 보장하고 영국과 아일랜드 교회들의 개혁을 약속한 것으로 영국·아일랜드 내 장로교회 입지를 보장한 결과가 되었다. 출처 www.bibleportal.co.kr

웨스트민스터 총회를 이끌던 의회파는 그러한 위기를 스코틀랜드와 동맹을 맺어 타결하려고 했으며, 그 때에 동맹을 맺는데 있어 선결과제가 바로 두 동맹국들 간 신앙상의 일치였던 것이다. 그러므로 웨스트민스터 총회가 엄숙동맹 이후 10개월을 잉글랜드 국교회의 '공동 기도서'(The Book of Common Prayer)를 대체할 예배모범의 작성에 집중했었던 역사적 배경이 또한 1644년에 예배모범을, 1645년에는 교회정치를 도출시켰던 일차적인 배경과 원인이 되었다.[2] 당시에 두 국가의 동맹에 있어서 신앙의 형식을 일치시키는 문제야말로 가장 시급한 과제였으며, 특히 잉글랜드 국교회의 39개 신조가 갖는 포괄적인 특성을 배경으로 용인된 공동 기도서의 사용을 어떻게든 대체할 필요가 시급했었던 것이다.

한편 웨스트민스터 신앙고백이 완성된 1647년에 스코틀랜드 장로교회는 또 하나의 중요한 장로교회 문서를 의결하여 인준했는데, 그것이 바로 "가정예배모범"(The Directory for Family Worship)이다. 즉 스코틀랜드 장로교회 총회는 웨스트민스터 신앙고백을 스코틀랜드 장로교회 교리의 표준으로 채택한 것보다 앞서 가정예배모범을 자체적으로 인준했던 것이다. 이런 점에서 스코틀랜드 장로교회 총회는 웨스트민스터 총회에서의 역할과 기여 뿐 아니라, 전반적인 장로교회의 기틀을 세우는데 있어서 가장 적극적이며 주도적인 역할을 수행했던 것을 알 수가 있다.

이러한 스코틀랜드 장로교회 총회의 간략한 역사를 살펴보는 가운데서 우리들은 한 가지 분명한 교훈을 얻을 수가 있으니, 그것은 바

---

2) Richard A. Muller 외 곽계일 역, 『웨스트민스터 총회의 실천/성경해석과 예배모범』 (서울: P&R, 2014), 68-9.

로 "예배"에 관한 문제들이 교리와 신학적인 문제들을 논하는 만큼이나 시급한 현안이었던 사실이다. 장로교회의 신학적이고도 교리적인 표준의 도출을 위해서는 긴 수고와 노력을 기울였지만, 동시에 시급하게 생각되었던 예배에 관한 표준, 즉 모범을 도출하는데 있어서도 박차를 가하여 더욱 신속히 진행했던 것이다. 왜냐하면 시급한 현안인 예배에 있어서의 공적인 모범과 가정에서의 사적인 모범이 수립될 때에, 신앙고백과 교리문답을 실질적으로 수용하고 받아들일 수 있는 틀과 기반을 확고히 다질 수가 있다고 보았던 것이다. 한마디로 장로교회의 교리와 신학을 규명하여 정립하는 것과 아울러 당장의 실천적인 문제들에도 적극 대처했었던 것이다.

흔히 개혁주의 신앙을 논하는 자리에서 들을 수 있는 말이 '종교개혁은 하나님의 은혜로 된 것이며, 교회의 개혁은 그 분위기가 온전히 무르익기까지 기다릴 줄 아는 긴 인내가 필요하다.'는 말이다. 하지만 웨스트민스터 신앙고백과 예배모범, 그리고 교회정치와 가정예배모범의 채택과 인준에 있어서 스코틀랜드 장로교회 총회는 그처럼 무르익는 분위기를 기다리기만 한 것이 아니라, 분위기가 무르익음과 아울러 당장 시급한 현안들에 대해서도 결연한 추진력을 보여주었다. 물론 스코틀랜드 교회가 그렇게 할 수 있었던 것은 여러 정세적 상황과 함께 그 이전에 부서(Martin Bucer, 1491-1551)나 칼뱅(John Calvin, 1509-1564)과 같은 개혁신학자들에 의해 장로교회를 세우는 데 필요한 신학적인 기반과 배경이 충분히 제공되었기 때문이기도 하지만, 스코틀랜드 장로교회 총회가 그것을 적극적으로 활용하여 장로교회를 수립하는 일을 주도하는 데에 박차를 가했던 것만큼은 분명하다.

그러나 스코틀랜드 장로교회가 역사 가운데서 공적예배의 모범이 먼저 도출되어 채택될 수 있도록 웨스트민스터 총회의 회의를 적극적으로 주도했었던 것에 반해, 현대의 장로교회들이 그러한 웨스트민스터 예배모범에 따르는 일은 참으로 지난(持難)하게만 보이는 것이 엄연한 현실이다. 대부분 장로교인들에게도 웨스트민스터 예배모범 자체가 생소할 뿐 아니라, 예배모범의 항목 하나하나에 부합하는 예배를 드리는 경우도 아주 드문 것이 오늘날의 장로교회들의 예배모습이기 때문이다. 이렇듯 현대의 많은 장로교회들이 장로교회로서의 정체성에 근거하는 목회적 실천이 구체적으로 무엇인지에 대한 인식을 결여하고 있는 것이 엄연한 현실이다. 하지만 그런 현실 가운데서도 진정 개혁된 신앙의 표준을 따르기를 원하는 장로교회의 신앙인들이라고 한다면 우선 가정에서부터 얼마든지 예배모범을 따라 바른 신앙의 실천을 추구할 수 있는데, 1647년에 스코틀랜드에서 채택한 가정예배모범은 그처럼 교회적인 여건이 참되고 바른 신앙의 길에서 이탈해 있을지라도 여전히 바른 신앙을 추구할 수 있는 가장 확고한 실천의 지침을 제공한다 하겠다.

　무엇보다 가정예배모범은 개교회에서의 공적인 예배와도 긴밀하게 연관된 것이라는 사실을 예배모범 자체의 설명들 가운데서 파악할 수가 있는데, 안타깝게도 오늘날 대부분의 기독교회에서 공적인 예배에 대해서는 많은 관심을 기울이면서도, 개인 혹은 사적인 예배로서의 가정예배의 중요성에 대한 인식은 거의 전무하다시피 한 것이 현실이다. 그러므로 흔히 신앙의 내용이나 형식이 예배당을 중심으로 하는 "공적 신앙"이 전부이며, 이를 개인의 신앙과 생활에 적용하고 실천하는 것은 철저히 개인의 재량으로 무관심하게 떠넘겨진 상황이라 하겠다.

하지만 가정예배모범에 따르면 신자의 가정에서 예배가 잘 시행되는지를 지도하는 문제는 교회의 중요한 목회적 요소다. 목사와 지교회의 당회가 수행해야만 하는 중요한 목회적 주제가 바로 각 가정이 경건하게 가정예배를 드릴 수 있도록 최선을 다해 도와주는 데 있는 것이다. 따라서 각 개인과 가정에서의 경건한 예배가 드려지지 않는 가운데서 교회로 모여 드리는 공적인 예배가 경건하게 드려질 수 있기를 바라는 것은, 전혀 실제적이지 못한 막연한 바람일 뿐이라 할 것이다. 개인과 가정의 경건이 밑받침 되지 않는 교회 공동체의 경건과 예배란, 전혀 근거 없고 실천되지도 않을 것에 지나지 않을 수가 있는 것이다. 그러므로 차제에 아직 많이 알려지지 않은 스코틀랜드 가정예배모범의 지침들을 잘 살펴보고 그 같은 지침들에 함의된 의미들을 정립함으로써, 공교회적인 예배의 개혁에까지 이르는 실질적 기틀을 다져갈 수 있기를 바란다.

⇨ 서론 I

개인 및 사적 예배와 성도 간
상호 교화(mutual Edification)에 관하여

가정예배모범
(The Directory for Family Worship)

개인 및 사적 예배와 성도 간 상호 교화(mutual Edification)에 관한 경건과 일치를 목적으로, 1647년 스코틀랜드 교회 총회에 의해 인준된 가정예배 지침서.

(1647년 8월 24일, 스코틀랜드 교회 에든버러 총회 제10회기)

개인 및 사적 예배(secret and private Worship)와 성도 간의 상호 교화를 위해, 그리고 가정예배를 소홀히 하는 일들을 책망코자 총회는 아래와 같이 지침을 마련하여 준수하도록 결의한다.

본 총회는 충분히 논의하고 숙고한 가운데서, 신자들의 경건을 고취하고 신앙에 있어서의 혼란과 분열을 방지하기 위한 지침과 규정들을 승인한다. 아울러 이러한 지침들이 잘 시행되는지 잘 살피도록하기 위해 개교회의 목사와 치리장로들에게 이러한 책임을 부가하는 바이다. 또한 각 노회(presbyteries)와 대회(synod)들은 이러한 지침의 위반에 대한 경중을 따라서 교인들을 잘 지도하고 책망토록 세움을 받았기에, 이 지침들이 제대로 시행되는지를 조사하고 세심히 살펴보아 위반자들이 책망과 지도를 받도록 해야 한다. 아울러 가정예배의 의무와 가정예배의 본질을 가볍게 여기고 무시하는 사람들이 있으나, 그런 자들로 인해 본 지침이 무익하고 무효한 것으로 여겨져서는 안 된다.

이에 본 총회는 개교회의 목사(ministers)와 치리장로(ruling elders)들이 개교회에 소속된 각 가정들에서 이 같이 중요한 의무를 소홀히 하는 것은 아닌지 부지런히 살펴보고 돌아보도록 명한다. 만일에 그러한 가정이 발견된다면 그 가정의 가장이 먼저 그 잘못을 시정하도록 사적인 권면이나 경고를 받아야 할 것이며, 그런데도 계속해서 그러한 잘못을 시정하지 않고 그대로 있으려 한다면 당회(a Consistory)에 의해 엄중한 책망을 받도록 해야 한다. 만일 그처럼 책망을 받음에도 불구하고 여전히 가정예배를 소홀히 한다면, 그와 같이 심각하게 당회의 지침을 위반하는 그 강퍅함으로 인해 성찬을 받기에 합당치 못한 자로 간주되고 이를 뉘우치고 돌이키기까지 성찬참여를 금함이 마땅하다.

1647년 가정예배모범이 공표될 당시에 권면과 경고, 그리고 책망을 한다는 것은 그저 개인적으로 조용히 책망하는 것만을 말하지 않으며, 오히려 개교회가 공적으로 책망하는 것까지를 포함하는 것으로서, 교회의 공적인 '치리 행위'(Church discipline)를 말한다. 즉 개인적인 예배나 가정에서의 사적인 예배를 권장할 뿐 아니라, 이를 시행하지 않는 것에 대해서는 사적으로만이 아니라 공적으로도 치리하는 성격[3]인 것이다.

17세기 유럽 전역에서는 국가교회의 분위기가 일반적이었기 때문에, 교회가 공적인 치리행위를 하는 것이 지금과 같이 전혀 이상하거나 거북스러운 일이 아니었다. 중세시기까지 로마가톨릭의 교황제(the papalism)와 주교제도(episcopacy) 아래에서 교회와 국가가

---

3) 물론 그러한 치리는 일차적으로 장로들에 의해 되도록이면 조용히 권면(勸勉)되는 형태로 시작된다.

긴밀히 연관되어 있었던 터라, 종교개혁과 르네상스 이후에도 한 동안 교회와 국가 사이의 그러한 연계성은 지극히 일반적인 것으로 인식될 수가 있었는데, 그런 가운데서 교회가 어떤 공적인 치리행위를 하는 것은 지극히 보편적으로 받아들여졌던 것이다. 아울러 지역들에 따라서는 교회에 국가(세속군주나 세속정부)가 종속적이라 할 수 있었던 로마가톨릭의 종교체제와 달리 국가의 주도로 민족종교로서의 기독교 수립을 목표로 하는 경우도 많았으니, 특히 독일, 스위스, 네덜란드 등의 지역을 중심으로 민족의식의 형성과 함께 국가 주도의 종교정책 수립이 실질적으로 이뤄지고 있었다.[4]

그러나 국가 주도의 종교정책에 있어서는 일찍이 16세기 유럽대륙에서부터 그 폐해가 있어왔기 때문에, 국가(혹은 정부)가 종교에 대해 어떤 입장 가운데서 그 역할을 수행해야 하는지에 대한 정확한 이해가 필요하다. 즉 16세기 당시 잉글랜드에서 이미 사용되던 "공동 기도서"(the Book of Common Prayer, 1559)와 같이 신앙과 관련한 전반적인 형식과 틀을 국가가 일방적으로 규정해버리는 식으로 그 역할을 수행하는 것이 아니라, 1643년 7월에 소집되었던 웨스트민스터 총회의 예처럼 국가(의회)의 주도로 신앙과 종교의 문제를 논의하도록 회의를 소집하되, 실질적으로 회의를 주도하거나 신앙고백을 제정하는 역할은 철저히 신학자(목사)들에게 위임하는 방식으로서의 직무적 구별이 선행적으로 이해되어야 하는 것이다. 실제

---

4) 신앙교육과 관련한 국가(정부)의 역할은 마틴 루터를 비롯한 종교개혁자들에 의해 일반적으로 강조되었는데, 특별히 루터는 1530년에 쓴 「자식을 학교에 입학시켜야 한다는 점에 대한 설교」라는 제목의 글에서 "부모는 그 자식을 훌륭한 기독교 신자로 만들기 위해서 그 자식을 학교에 입학시킬 의무가 있고, 또 정부에는 민중에게 그 자식을 학교에 취학시킬 것을 강제할 의무가 있다."고 하여, 자녀들의 신앙적인 양육을 위해 부모들을 강제하는 치리권을 정부가 시행 해야만 한다고 주장한 것에서 그러한 분위기를 단적으로 알 수가 있다. 우메네 사토루 김정환·심성보 역, 『세계교육사』(서울: 풀빛, 1990), 198-9.

로 웨스트민스터 총회의 첫 소집에는 잉글랜드 소속 상원의원 10명과 하원의원 20명이 참여했지만, 그 누구도 신앙고백 초안의 문구들을 작성하는 일에 참여토록 요청되지는 않았다. 아울러 총회 제정위원회의 주요 위원들은 신학자들이거나 저술가들로서, 당시에 이미 신학적으로 크게 존중을 받던 인물들이었으니, 웨스트민스터 총회의 실천에 있어서는 국가의 주도적인 역할과 아울러 그 역할의 한계 또한 명확하게 구별되어 있었다.[5] 그러므로 종교와 신앙에 관한 문제에 있어 국가는 결코 무관하거나 중립적인 입장이 아니면서도, 그 기능과 역할을 감당하는 교회의 기구들(당회, 노회, 총회 등)을 충분하게 지원하는 면에서 감당할 역할과 기능이 분명하게 있는 것이다. 특별히 가정예배모범을 채택한 스코틀랜드의 경우에는 17세기 무렵으로 아일랜드와의 관계 가운데서 정부기구의 부재(不在)가 상당기간 동안 있었던 터라, 주로 지식인들을 중심으로 하는 자치적인 배경(의회적 배경)에서 장로교회가 더욱 발달할 수 있었다.[6]

하지만 현대에 있어서는, 교회가 공적인 치리행위를 한다는 것이 기본적으로 상당한 부담을 느끼게 하는 일이 되었다. 더구나 대부분의 국가들에서 정교분리(Separation of church and state)의 원칙에만 지나치게 편중한 이해들을 바탕으로 사회가 수립되어 있기 때문

---

5) Richard A. Muller 외, 『웨스트민스터 총회의 실천/성경해석과 예배모범』, 67-8, 85.
6) 17세기 무렵 스코틀랜드의 사회적 상황은 "중앙권력의 부재라는 특이한 상황 때문에 장로교회는 스코틀랜드 사회에서 그 권력을 대신하는 정치적 · 사회적 권위를 갖게 되었다. 즉 교구의 개별 교회에서 전국 차원의 총회까지 교회는 위계적인(로마가톨릭과 구별되는 종교개혁의 개념 가운데서 볼 때에, 이 말은 '단계적인'이라고 표현하는 것이 합당하다.-편집자 주) 조직체계를 갖추었다. 이 조직체계가 교육과 구빈 행정을 맡으면서, 장로교회가 중앙권력이 없는 스코틀랜드 사회에서 정치적 권위를 갖게 된 것이다. 지방 교구의 개별 교회는 담임목사, 장로(elder) 및 집사(deacon)로 구성되는 당회(Consistory)에 의해 운영되었는데, 이 당회가 가장 기본적인 교회조직인 셈이었다." 이영석, 『지식인과 사회/스코틀랜드 계몽운동의 역사』(서울: 아카넷, 2014), 60-1.

에, 교회와 관련한 모든 문제들에 대해 전혀 관여하지 않도록 하는 입장을 취하고 있는 경우가 대부분이라 사실상 교회의 공적 치리까지도 법적 권위가 상실되어 버린 경우가 많다. 그러므로 심각한 도덕 혹은 윤리적 잘못을 범하는 경우가 아니고서는 교회가 공적인 치리행위를 하는 경우를 찾아보기 어려운 것이 엄연한 현실이다. 더구나 그런 가운데서 가정예배나 개인예배를 게을리 한다고 해서 공적인 치리를 하는 일은 지극히 부자연스럽다고 생각하는 것이 당연하게 여겨지는 형편이다. 그러나 장로교회들에 있어서 치리장로의 중요한 직임이 바로 교인들을 돌아보는 일인 것을 볼 때에, 그처럼 돌아본다는 것이 단순히 가정의 경제적인 형편이나 어려움을 돌아보는 것이 아니라 가정에서의 경건생활이 잘 이뤄지고 있는지를 관찰하고 돌보는 것에 있다는 사실을 알아야 한다. 더구나 그처럼 교회의 당회(Consistory)가 각 가정의 신앙상의 문제를 돌아보는 것은, 정부가 부모들에게 자녀들을 학교에 보내도록 하는 의무교육제도와 같이 강제적으로 통제하는 방식이 아니라 목회적으로 철저히 돌보는 차원(ministry)이라는 사실을 생각할 때에 더욱 당연하게 요구되는 일이라 하겠다.

한편 가정에서의 신앙교육(가정예배)이 중요하다는 사실은 일찍이 국가가 주도하는 의무교육정책이 시행된 역사 가운데서도 명백히 확인할 수가 있는데, 특별히 프랑스 루이 14세(Louis de France et de Navarre, 1638-1715) 때의 서민교육정책과 관련한 칙령과 그 목적 가운데서 여실히 확인할 수가 있다. 루이 14세는 1698년 12월 13일에 서민들의 보통교육을 확충·강화할 것을 명하는 칙령을 발표하는데, 칙령의 제9조와 10조를 보면 "현제 교사가 없는 교구는 가능한 한 남교사 또는 여교사를 두어라. 그리고 모든 자식들에게 특히 그 부모가 소위 개혁파 신자였던 자의 자식은 그들을 매일 미사에 데리고 가서 미사의 근행(勤行)에 필요한 것을 가르치기 위하여, 그리고 학교에 재학하고 있는 동안 일요일과 제일(齊日)에 사원의 업무와 관련한 심부름을 시키기 위하여, 그리고 또 그럴 필요가 있는 자에게는 읽는 것, 나아가 쓰는 것까지도 가르치기 위해 (로마가톨릭) 교리문답서와 기도문을 가르치라."고 했고, 또한 "모든 부모, 후견인 및 자식의 교육에 책임이 있는 모든 자, 특히 그 부모에 대하여, 소위 개혁파의 신자였던 자에게 엄명한다. 14세까지 자식을 학교에 보내 (로마가톨릭) 교리문답서를 배우게 하라."[7]고 하여, 서민교육정책을 시행하는데 있어서 왕의 의도가 어디에 있었는지를 단적으로 알 수 있다.[8] 즉 프랑스의 모든 백성들을 로마가톨릭의 종교로 통합하려는 의도와 목적 가운데서 개혁파 신자들(Huguenot)을 탄압하는 국가 주도의 종교정책으로서 서민교육정책을 시행했었던 것이다. 그러므로 당시에 가정에서의 올바른 신앙교육과 가정예배를 통한 올바른 신앙의 추구는, 국가적으로 강제되는 신앙상의 심각한 위협을 대비하고 극복할 수 있는 거의 유일한 방편이었다는 점에서 특별한 중요성을 내포한다. 우리나라의 역사에서도 일제하에서 강요되었던 신사참배의 경우는, 그처럼 국가에 의해 의도적으로 신앙에 가해진 위협의 대표적인 예라 하겠다.

이처럼 마틴 루터(Martin Luther, 1483-1546)에게서부터 일찍이 의무교육제도의 필요와 실제적인 시행의 역사가 있었지만, 그런 가운

---

7) Palméro, L' Histoire des Institutions et des Doctrines de iEducation, par Textes, 1951, 208-9 참조.
8) 우메네 사토루, 『세계교육사』, 217-8.

데서도 자녀들의 신앙양육에 있어서는 더욱 가정의 역할과 기능이 중요했다는 것을 의무교육제도의 역사 가운데서도 충분히 파악해 볼 수가 있으니, 스코틀랜드에서 인준한 가정예배모범에서 다루고 있는 지침들을 이해함이 사뭇 중요하다는 사실에 충분히 공감할 수 있기를 바란다. 특별히 가정예배를 바르게, 그리고 열심히 시행하는 문제가 개교회의 목회자와 당회가 다룰 중요한 사안이었을 뿐 아니라 노회(presbyteries)와 대회(synod)들까지도 이에 관심을 가지고서 다루도록 한 것을 보면, 17세기 당시에 스코틀랜드의 장로교회가 얼마나 엄밀하고도 치밀하게 신앙의 바른 실천에 관심을 두고 있었는지를 단적으로 알 수가 있다.

한편 가정예배에 관해 언급하고 있는 이 예배모범에서 "만일 그처럼 책망을 받음에도 불구하고 여전히 가정예배를 소홀히 한다면, 그와 같이 심각하게 당회의 지침을 위반하는 그 강퍅함으로 인해 성찬을 받기에 합당치 못한 자로 간주되고 이를 뉘우치고 돌이키기까지 성찬참여를 금함이 마땅하다."고 한 것을 주목해 볼 필요가 있는데, 우리가 성찬에 앞서서[9] 스스로를 돌아보고 준비하는 것에는 가정예배를 등한히 하지 않는 것이 포함되어 있었기 때문이다. 즉 성찬에 참여하는 신자들이 (가정예배를 비롯한) 바른 신앙의 실천 가운데서, 성찬과 관련한 올바른 지식을 합당하게 습득하고 있지 못한 것이 바로 주의 떡과 잔을 합당하지 않게 먹고 마시므로 죄를 먹고 마시는 일이라는 사실을 알 수가 있는 것이다. 그러므로 '수찬(授餐)

---

9) 일반적으로 장로교회들에서는 성찬을 시행하기 한 주 전에 미리 공적으로 성찬시행을 공지하는데, 그 때에는 성찬에 참여할 신자들의 명단을 공지하고 한 주 동안에 스스로를 돌아보아 성찬에 합당한 경건한 생활을 하도록 예비했다. 또한 장로들은 그 때에 미리 성도들을 돌아보아(시찰하여) 성찬에 참여하기에 부족함이 없는지 확인하는 일을 수행했다.

정지'와 같은 권징의 목적은 신앙의 교훈을 받아들이지 않고 이탈하는 자들에 대한 징계의 의미만이 아니라, 오히려 성찬에 대해 무관심하여 범할 수 있는 죄를 방지하는 의미를 내포하고 있는 목회적 돌봄에 해당한다는 사실을 파악할 수가 있다. 마찬가지로 '출교' (excommunication)[10]라는 것도 단순히 죄를 범한 자를 교회에서 최종적으로 몰아내고 교제를 단절하도록 하는 데에 그 목적이 있는 것이 아니라, 그러한 극심한 곤란의 형편 가운데서 범죄자의 양심이 회개하고 돌아오도록 하는 데에 최종적인 목적과 의미가 있는 것이다. 따라서 이 가정예배모범의 시작에서 스코틀랜드 총회는 가정예배를 드리지 않으며, 교회의 권고에도 불구하고 이를 시정하지 않는 가장에 대해 수찬정지의 징계를 부가할 수 있도록 함과 동시에 "이를 뉘우치고 돌이키기까지"라는 제한적인 언급으로써 그러한 권징에 있어서의 최종적인 목적(돌이키고 돌아오도록 하는)을 충분히 유추할 수 있도록 하고 있다.

---

10) 스코틀랜드 장로교회를 비롯한 장로교의 정치원리 가운데에는 세 가지의 치리회가 존재할 수 있는데, 그것은 각각 '공동의회'(Congregational Assembly), '노회'(Classical Assembly), '대회'(Synodical Assembly)이다. 김영규, 『엄밀한 개혁주의와 그 신학』, (서울: 하나, 1998), 160. 일반적으로 수찬정지의 경우 공동의회에서 내릴 수 있지만, 출교의 경우에는 지교회의 공동의회를 통해 이뤄져서는 안 되고, 노회와 같은 지교회 밖의 치리회가 객관적으로 판결하여야만 한다.

⇒ 서론 II

성도들의 경건을 증진하고 불화와 분열을
막아 일치를 이루기 위한 총회의 지침

개인 및 사적 예배(secret and private Worship)와 성도 간의 상호
교화를 위해, 그리고 성도들의 경건을 증진하고 불화와 분열을 막
아 일치를 이루기 위한 총회의 지침
(DIRECTIONS OF THE GENERAL ASSEMBLY)

하나님의 자비로 이 땅에 순결하게 세워진 교회의 공적 예배 외에
도 각 개인이 개인적인 예배를, 또한 각 가정에서 가정예배를 드리
는 것은 반드시 필요하며 큰 유익이 되는 것이다. 아울러 국가적인
개혁(national reformation)과 더불어 개인 및 각 가정이 다 함께 경
건의 능력과 실천에 있어 성장해 가도록 해야 한다.

이러한 언급에 대해 우리들은 단순히 정교분리가 이뤄지기 전의
역사적 배경으로 생각할 것이 아니라, 개인의 경건이 어떻게 국가적
인 개혁으로까지 확장될 수 있는가에 대한 실천적 원리로 이해해야
한다. 왜냐하면 개인적인 경건과 실천이 없이 국가적 개혁(이는 사
회·제도적 개혁이 아니라 통합적인 종교개혁의 맥락이다)이 이뤄
질 수 없으며, 국가적 개혁을 지양(止揚)하는 개인적 경건도 긍정될
수 없는 장로교회 신앙의 실천적 특성을 확인할 수 있어야하기 때문
이다.

17세기 당시에 스코틀랜드와 아일랜드(영국)의 정치적 상황은 당
시의 종교(개신교)와 아주 긴밀히 연관되어 있었는데, 아일랜드
는 감독주의의 "성공회"(Church of England)로 되어 있었으나, 스
코틀랜드는 이미 존 낙스(John Knox, 1514?-1572)와 엔드류 멜빌

(Andrew Melville, 1545-1622)에 의해 장로주의의 '스코틀랜드 교회'(the Church of Scotland)로 되어 있었다. 하지만 1603년에 잉글랜드의 엘리자베스 여왕이 사망하고 그 자손(庶子)이 없으므로, 엘리자베스의 조카인 스코틀랜드의 제임스 6세가 잉글랜드의 제임스 1세로 즉위하게 되면서 잉글랜드의 감독제와 스코틀랜드의 장로제 사이에 불가피한 통합을 이뤄야 하는 정치적 상황에 직면하게 됐다. 그러므로 제임스 6세가 37세에 스코틀랜드와 잉글랜드를 모두 다스리게 되었을 때에, 그는 잉글랜드의 감독제를 적극 지지하여 스코틀랜드 또한 감독제의 개신교회로 통합하려고 했던 것이다. 반면에 스코틀랜드에서는 장로제를 유지하기 위한 개혁에 더욱 박차를 가할 수밖에 없는 형편이었다.[11]

이처럼 17세기 당시의 스코틀랜드와 잉글랜드의 정치적 상황 가운데서 국가(군주)와 교회와의 관계는 얼핏 그러한 역사적 배경 가운데서 이해해야 하는 것으로 보일 수도 있을 것이다. 하지만, 사실은 스코틀랜드의 개혁의 바탕이 성경의 권위에 있었다는 점을 충분히 고려해야만 비로소 그러한 개혁의 명백한 정당성을 이해할 수가 있다. 즉 로마가톨릭이 로마가톨릭교회의 권위에 근거해서 성경의 권위를 보장하고 확보하는데 반해, 개신교의 종교개혁의 원리에서는 성경의 권위에 의해 교회의 권위가 보장된다는 점에서, 교회정치 체제와 관련하여 어떤 형태의 정치체제로 통합할 것이냐 하는 문제의 결론 혹은 타당성이 로마가톨릭의 방식과 명백한 구별 가운데 도출

---

11) 개혁주의 신학과 신앙 총서 10, 『칼빈 이후 영국의 개혁신학자들』 (부산: 개혁주의학술원, 2016), 45-7 참조.

될 수가 있는 것이다.[12]

한편 스코틀랜드의 개신교회와 잉글랜드의 개신교회 사이에서 신앙과 교회정치의 일치와 통합을 이루어야만 하는 당시의 정치(세속정치)적 상황은, 자연스럽게 1643년 7월에 웨스트민스터 총회가 소집되는 상황에까지 연결된다. 특히 잉글랜드에서의 제임스 1세의 실정은 백성들의 마음을 얻지 못했고, 의회파와의 갈등 가운데서 내전에까지 이르게 되는데, 그러한 상황은 제임스 1세의 아들 찰스 1세에게도 그대로 이어지게 됐다. 그러므로 잉글랜드의 의회파는 찰스 1세를 대적하기 위해 스코틀랜드에 군사적 도움을 요청할 수밖에 없었고, 그러한 동맹을 위해서는 스코틀랜드와 아일랜드의 신앙과 교회정치의 일치를 논의하지 않을 수가 없었던 것이다.[13] 두 나라를 일치되게 묶어줄 수 있는 가장 좋은 방법은 바로 두 나라가 신앙상의 일치를 이루는 것이라고 본 것이다. 결국 17세기 중반에 잉글랜드와 스코틀랜드 사이에서 이뤄진 일련의 정치적 상황들 가운데서, 국가와 사회의 문제에 있어 신앙의 문제가 항상 자리하고 있었다는 사실을 알 수가 있으며, 그러한 신앙은 또한 국가와 사회의 통합과 일치를 이루는데 있어 중심적인 역할을 했음을 볼 수가 있다. 그리고 그러한 역할을 위해 잉글랜드의 장기의회를 배경으로 하

---

12) 성경은 개인적인 신앙에 있어서나 교회의 신앙에 있어서나, 심지어 국가를 포함한 모든 세상에 있어서까지 불변하고, 오류가 없는 유일한 표준(Canon)이라는 점에서, 신앙의 일치와 통합은 당연한 것이다. W·C·F 1장 6항 "……그리고 인간의 활동과 생활양식에 공통된, 하나님에 대한 예배, 그리고 교회의 정치에 관한, 어떤 상황들이 있다는 것을 인정하고, 그것은 항상 준수되어야 하는, 말씀의 일반적인 법칙들을 따라서, 본성의 빛과 기독교인의 사려 분별에 의해 규제되어야만 한다."는 문구와, 10항 "최고의 재판관은, 그에 의해 종교에 관한 모든 논쟁들이 결정되어야 하고, 회의의 모든 규례들과, 고대 작가들의 의견들과, 사람들의 교훈들과, 사적인 기분들이 시험받아야 하며, 그리고 그의 선고 안에서 우리가 안식하여야 하는, 성경 가운데서 말씀하시는 성령 외에는 어떤 다른 것이 있을 수 없다."는 문구의 의미를 참조하라.
13) Richard A. Muller 외, 『웨스트민스터 총회의 실천/성경해석과 예배모범』, 165-6.

는 웨스트민스터 총회가 1643년에 소집된 것이다. 사실 웨스트민스터 총회에 소집된 총대들 가운데에는 스코틀랜드 장로교회의 총대만 있었던 것이 아니었다. 오히려 그 가운데에는 국교회파나 회중주의파 또한 참여하고 있었는데, 특히 잉글랜드의 총대들 가운데에는 다수의 감독파(Episcopalian)가 있었을 뿐 아니라, 소수의 독립파(Independents)와 에라스투스파(Erastian) 또한 포함되어 있었다.[14] 그러므로 잉글랜드와 스코틀랜드가 동맹을 맺기 위해 그처럼 다양한 교파들의 신앙적인 일치를 꾀하려는 것은 시급하고도 당연한 문제였다. 특별히 1643년에 스코틀랜드와 잉글랜드 두 나라 사이에서 체결된 '엄숙동맹과 언약'(Solemn League and Covenant)의 문서는 스코틀랜드와 잉글랜드, 그리고 아일랜드 사이의 신앙과 교회정치상의 통합과 일치를 합의하는 내용이 담겨 있었으니,[15] 세속 정치의 통합에 앞서 세 나라의 신앙과 실제적인 교회정치의 통합을 가장 먼저 다뤘던 것이다.

그런데 스코틀랜드와 잉글랜드, 그리고 아일랜드의 정치적 통합은 1603년 잉글랜드의 엘리자베스 여왕이 죽은 뒤 스코틀랜드의 제임스 6세가 스코틀랜드와 아일랜드의 통합왕인 제임스 1세로 추대된 것과, 시민권을 대표하는 잉글랜드 의회와 왕권 사이의 타협의 역사, 그리고 제임스 1세의 아들 찰스 1세 때에 왕당파가 의회파에게 패배하게 되면서 결국 왕이 처형되고 마는 역사를 거쳐, 18세기인 1707년에 '통일령'(The Act of Union)이 발효된 뒤에야 비로소 이뤄질 수 있었다. 하지만 스코틀랜드의 장로교파들은 그러한 정치적

---

14) 앞의 책, 71.
15) 앞의 책, 83.

인 통합보다 먼저 장로제를 향한 개혁을 추진했었는데, 그러한 추진에 있어서 국가적인 개혁과 더불어 각 가정에서 경건의 능력과 실천의 진보를 이루는 것이 동시에 강조되었던 것이다.

여기서 우리들은 가정예배모범에서 언급하는 "개인예배"(secret worship)라는 말에 주목해 볼 필요가 있다. 스코틀랜드 장로교회가 채택한 가정예배모범에서는 단순히 가정에서의 예배만이 아니라 홀로 은밀히 드리는 개인적인 예배의 중요성 또한 강조하고 있는 점 말이다. 오늘날 대부분의 신자들이 개인적인 기도시간을 개인적인 예배라고 생각하지만, 개인예배는 단순히 기도하는 시간을 말하는 것이 아니라 개인적으로 성경을 읽고 묵상하는 가운데 기도하는 최소한의 예배형식 가운데 시행하는 것이었음을 가정예배모범의 첫째 항목에서 확인할 수 있는데, 여기서는 이를 간단히 언급하고 있다.

그러나 현대사회는 신자들에게서 개인예배를 빼앗아버리고 있다. 바쁜 현대사회의 일상 가운데서 개인이 성경말씀을 묵상하고 이를 바탕으로 기도함으로 예배를 드리는 것이 시간적인 제약으로 인해 사실상 불가능에 가깝도록, 사회의 구조가 열악해져 가고 있는 것이다. 바로 이런 점에서 가정예배모범에서 언급하는 "국가적인 개혁"(national reformation)이라는 말은 개인의 예배와 경건이 결코 국가적인 개혁의 문제와 별개가 아니라는 사실을 직시할 수 있도록 해주는 문구라 할 것이다. 즉 개인적인 경건의 능력과 실천에 관련한 개혁이 이뤄지지 않는 가운데서의 국가적인 개혁이란 전혀 실재적 의미가 없는 것이며, 오히려 국가적인 개혁이 신자 개인의 경건의 능력과 실천을 증진시킬 수 있도록 진전되어야 한다는 사실을 파악할 수 있는 것이다. 그러므로 가정예배모범에서 말하는 국가적인 개혁이란, 당연히 사회·정치제도의 개혁을 동반하는 것인데, 다만 '노동운동'(labour movement)이나 '계몽운동'(enlightenment movement)과 같은 것이 아니라 신앙문제에 있어서의 개혁을 말한다. 물론 그러한 신앙문제의 개혁은 신자들의 개인적인 생활을 박탈하다시피 하는 사회구조의 문제점에 대한 개혁과 결코 무관하게만 이뤄질 수 없었던 역사이지만, 그렇다고 노동자로서의 권리운동이나 의식계몽의 성격과 같은 것을 말함이 아니라, 오히려 근본적이고도 분명한 구별 가운데서의 경건과 실천의 방식이었다고 보아야 하는 것이다.

사실 스코틀랜드와 잉글랜드, 그리고 아일랜드의 통합의 역사에 있어서 그 표면에는 의회파의 성립, 왕당파와 의회파 사이의 갈등과 절대왕정의 붕괴, 아울러 올리버 크롬웰(Oliver Cromwell, 1599-1658)에 의한 '호국경'(Lord Protector)체제, 그리고 크롬웰이 죽은 뒤 잉글랜드 국민들의 왕정에 대한 향수를 바탕으로 한 '왕정복고'(Restoration) 등의 여러 정치체제의 변화들이 작용하고 있었는데, 그 가운데서의 민중에 대한 '계몽운동'[16]의 양상이 두드러졌다. 하지만 스코틀랜드 장로교회에서는 신자들 자신과 각 가정에서의 경건의 능력, 그리고 실천이 가장 큰 개혁의 바탕이요 원동력이 되었던 것은 분명한 사실이다. 스코틀랜드의 에든버러를 중심으로 활동하며 계몽운동을 주도했던 문필가들(literati)의 등장은, 16세기

---

16) 이러한 계몽운동은 주로 17세기 후반과 18세기 스코틀랜드를 중심으로 한 젠트리(Gentry)와 지식인들의 등장이 큰 몫을 하는 가운데서 이뤄졌다. 그러나 그런 인문주의적인 움직임은 개혁주의 신학을 훼파하고 몰락시킨 주된 원리 가운데 하나로 지적되는데, 로마 가톨릭 교회와 신학에 대해 저항할 때에 개혁자들 가운데서 "지성적이고 심미적인 원리에 의해서 저항하였던 인문주의자들에게 문제가 있다."는 비판이 있는 것이다. 김영규, 『엄밀한 개혁주의와 그 신학』, 118. 참조

와 17세기 스코틀랜드의 종교지도자들에 의한 신앙의 개혁과, 그 실천으로서의 대학제도의 마련 등으로 인해 비로소 시작될 수 있었는데,[17] 그러한 배경들에 있어서 더욱 근본적인 바탕이 되는 것이 바로 신자 개인과 가정에서의 예배를 통한 경건의 능력 가운데서의 의식과 사고의 성숙과 그 실천이었다. 다만 그러한 경건의 능력이 충분하게 배양되지 않은 가운데 형성된 인문주의적 경향의 폐단이 계몽운동의 양상으로 불거졌고, 그것이 오히려 통합된 영국에서의 장로주의적인 개혁주의 신학을 훼파시키는 역할을 했다는 점에서, 스코틀랜드 총회가 가정예배모범을 통해 강조한 개인과 가정에서의 경건한 예배는 국가적인 신앙의 개혁을 주도하는 아주 중요한 밑바탕이었음을 유념해야 하는 것이다.

---

17) 이영석, 『지식인과 사회/스코틀랜드 계몽운동의 역사』, 19.

I 먼저, 개인예배(secret worship)는 필수적인 것으로 모든 자들은 기도와 묵상으로 자기 자신을 하나님께 올려드려야 마땅하다. 또한 개인적인 예배를 드림으로써 얻는 유익은 이루 말할 수 없이 많은데, 그것은 오직 이를 성실히 실행하는 자만이 맛볼 수 있는 유익이다. 그 시간에 각 개인은 특별한 방식으로 하나님과 교통하며, 자신에게 주어진 다른 모든 신앙적 의무들에 대해서도 바르게 준비될 수 있다. 그러므로 목사들은 모든 신자들이 아침, 혹은 저녁으로, 또는 하루 중 다른 시간에라도 이를 반드시 실행하도록 권해야 한다. 뿐만 아니라 각 가정의 가장(head of the family)들은 자신 뿐 아니라 모든 가족들이 개인예배를 성실히 실행하는지 세심하게 살필 책임이 있다.

웨스트민스터 신앙고백 제21장은 "경건한 예배와 안식일에 관하여"라는 제목으로 예배와 주일성수의 문제를 다루고 있는데, 6항에서는 이르기를 "기도나, 경건한 예배의 어떤 다른 부분도, 이제 복음 아래서, 그것이 시행되거나, 혹은 그것이 향하도록 지시된 장소에 매여 있거나, 그 장소에 의해 더 받아들여지게 되는 것이 아니다."[18]라고 했다. 또한 로버트 쇼(Robert Shaw, 1795-1863)는 이에 대해 해설하기를 "복음 아래서는 예배를 위한 특별한 장소가 모두 폐지되었다. 복음은 장소와 상관없이 하나님을 영과 진리로 예배하고(요 4:21), "각처에서……분노와 다툼이 없이 거룩한 손을 들어

---

18) 문원호, 『성경과 함께하는 신앙고백』, (의정부: 도서출판 개혁과 고백, 2012), 146-7. 이하 웨스트민스터 신앙고백 본문은 이 책을 참조함.

기도하기를 원하노라"(딤전 2:8)고 요구할 뿐이다. 이 조항은 예배당을 봉헌해 그곳을 거룩하게 여기는 관습을 비롯해 특정한 장소에서 예배를 드릴 때 하나님이 더 많이 인정하시고, 또 더 많은 축복을 받을 수 있다는 미신을 논박한다."[19]고 했다. 우리들이 일상적으로 접하곤 하는 영화들, 특별히 악령이나 사탄과 싸우는 주제를 다루는 영화들에서 흔히 볼 수 있는 것처럼, 특별한 장소나 특별한 사물에 어떤 신령함이 깃들어 있다고 생각하는 것은 전혀 기독교적인 의식이 아니며, 오히려 로마가톨릭이 오래도록 조장해온 미신적인 모습에 지나지 않는다는 것이다. 요한복음 4장에는 예수께서 사마리아의 어떤 여인과 대화하던 일이 기록되어 있는데, 그 대화의 중심에는 '정함'(chaste and pure)과 '부정함'(uncleanliness), 그리고 '예배드릴 곳'(Grisim or Jerusalem)에 관한 주제들이 자리하고 있다. 특별히 예배드릴 장소에 관련한 사마리아 여인의 질문에 대해 예수께서는 "이 산(Grisim)에서도 말고 예루살렘에서도 말고 너희가 아버지께 예배할 때가 이르리라."(요 4:21)고 하시면서, 또한 "하나님은 영이시니 예배하는 자가 영과 진리로(in spirit and in truth) 예배할지니라."(24)고 하시어, 어디에서 예배드리느냐의 문제가 아니라 복음의 진리 가운데서 드리는 것에 영적 예배의 본질이 있음을 분명하게 말씀해 주셨다. 그처럼 예수 그리스도를 통한 복음의 진리와 영적인 깨우침이 없이, 그저 장소에 치중하는 신앙의 태도는 한낱 미신(superstition)에 불과하다.

　그러나 안타깝게도 현대 사회의 기독교 신앙은 주로 예배당을 중

---

19) Robert Show 조계광 역, 『웨스트민스터 신앙고백 해설』, (서울: 생명의말씀사, 2014), 429.

심으로 하는 형태만이 존재하다시피 한다. 물론 로마가톨릭의 신앙과 같이 예배당을 '성전'(a sacred shrine)이라고 지칭하여 그 자체에 거룩하거나 성스러운 이미지를 부여하는 미신적인 데에까지 이르러 있는 것은 아니지만, 신앙적인 행위의 대부분이 예배당을 중심으로 모이는 가운데서만 이뤄진다는 점에서 "예배당 중심의 신앙"의 형태라 할 수 있는 것이다. 그러므로 신자들 개인의 신앙이나 경건 생활에 대해서는 거의 자율에 맡겨져, 방임하다시피 하는 것이 오늘날 기독교 신앙의 민낯이라 하겠다.

"개인예배(secret worship)는 필수적인 것"이다

가정예배모범은 가장 먼저 개인예배가 필수적이라고 언급하고 있다. 각자 개인이 은밀하게 드리는 예배는, 특별한 경건의 의무를 지닌 자들이 아니라 모든 신자들이 드려야 하는 필수적인 예배라는 것이다. 그러나 우리 사회의 기독교 신앙에 있어서 개인예배를 필수적으로 드리는 경우는 극히 드문 현실이다. 신자로서 주중의 생활 대부분이 육신을 위하여 필요한 일들로 채워질 뿐, 영혼을 위하여서 필요한 일들을 하는 경우는 극히 드문 것이다. 그러므로 대부분의 신자들이 주일에 예배당에서 행하는 예배만이 유일한 신앙의 모습이요 실천인 경우가 허다하다. 심지어 그런 주일조차도 예배당을 벗어나자마자 육신을 위하는 일들에만 사로잡혀 생활하는 경우도 허다한 것이 현실로 되어있다.

그렇다면 어떤 이유에서 개인예배가 신자에게 필수적으로 강조되는 것일까? 개인예배가 신자의 신앙에 어떤 유익이 되느냐는 말이다. 우선 가정예배모범에서는 "그 시간에 각 개인은 특별한 방식으로 하나님과 교통하며, 자신에게 주어진 다른 모든 신앙적 의무들에 대해서도 바르게 준비될 수 있다."고 했다. 특별히 "각 개인이 특별한 방식으로 하나님과 교통하며"라는 문구에서 알 수 있듯이, 개인예배를 통해 신자들은 공적인 예배를 통해서보다 훨씬 세밀하며 인격적인 방식으로서의 특별함으로 하나님과 교통할 수 있는 것이다. 그런데 이 점에 있어서 현대의 기독교신앙에서는 다소 역행하여 공적인 예배의 시간에 그처럼 세밀하고 인격적으로 하나님과 교통하려는 자세를 보인다. 그리하여 공적인 예배의 시간에도 개인적으로 하나님과 교통하는 것처럼 지극히 사적인 태도로 예배에 임하는 것을 흔히 볼 수가 있는데, 예배 중에 개인적으로 찬양과 방언(Tongues)을 소리 내어 하는 것이 대표적이다. 현대 방언의 문제는 더욱 많은 논의가 필요한 것이지만, 기본적으로 공적인 예배에 있어 우리들이 염두에 두어야 하는 것이 바로 예배가 '공적'(public)이라는 사실이다. 즉 개인의 태도나 자세가 다른 회중에게 방해가 되지 않도록 해야 한다. 공적인 예배에서는 사소한 소리나 태도, 몸짓에 이르기까지 조심하고 분별해야만 하는 것이다. 그러므로 가정예배모범보다 앞서 의회의 승인을 받은 웨스트민스터 예배모범(THE WESTMINSTER DIRECTORY, 1644)에서는 회중들의 모임과 예배를 위한 자세에 관해 언급하기를 "공중 예배를 드리기 위해 회중이 모이면 사람들은 모두 마음의 준비를 하고 예배 장소에 미리 참석한다. 태만이나 사적인 모임으로 인해 공중 의식에 빠지지 않도록 한다.……예배가 시작되면 회중들은 예배에 전적으로 참석하여 목사가 읽거나 인용하는 것 외에 어떤 것도 읽어서는 안 된다. 사담을 자제하고 소곤거리거나 서로 인사하지 말며 예배에 참석한 다른 성도들에게, 또 들어오는 성도들에게도 경의를 표하지 않도록 한다. 주위를 둘러보거나 졸거나, 목사 혹은 다른 회중을 방해할 소지가 있거나, 예배 중에 자신이나 다른 사람이 하나님께 예배드리는 것을 훼방하는 품위 없는 행동을 해서도 안 된다. 부득이하게 예배에 늦을 때는 예배당에 들어와서 개인 기도를 하지 말고 경건하게 진행 중인 하나님의 예식에 즉시 참여하도록 한다."[20]고 했다. 이처럼 공적인 예배에서는 항상 다른 신자의 예배에 피해가 되지 않도록 조심하는 태도 가운데 있어야 하는 것이다.

하지만 개인예배에서는 웨스트민스터 예배모범에서 언급하고 있는 주의사항에 저촉됨이 없이 "각 개인이 특별한 방식으로 하나님과 교통"할 수가 있다. 물론 개인예배라고해도 현대의 방언기도나 은사주의적인 경건의 태도를 추구할 수는 없는 것이지만, 공적인 예배에서의 제약을 받지 않고 그야말로 세밀하며 인격적인 방식으로서의 특별함으로 하나님과 교통할 수 있는 것이다. 더욱이 가정예배모범에서는 개인예배가 필수적인 이유를 개인적인 유익에만 근거하지 않고, 오히려 "자신에게 주어진 다른 모든 신앙적 의무들에 대해서도 바르게 준비될 수 있다."는 말을 덧붙이고 있는데, 바로 이 문장에 대한 이해 가운데서 개인예배가 필수적으로 강조되는 이유를 파악할 수가 있다.

한편 현제 우리 사회의 기독교 신앙에서 "신앙적 의무"라는 말은 그리 선호되지 않는 말이 되었다. '사랑'과 '구원', '치유' 등을 강

---

20) Thomas leishman, 정장복 역 『웨스트민스터 예배모범』, (서울: 예배와 설교 아카데미, 2002), 43-4.

조하는 우리 사회의 기독교 신앙 문맥으로 볼 때에, '책임' 혹은 '의무'와 같은 것은 그리 탐탁치가 않은 것이다. 하지만 웨스트민스터 신앙고백 제14장에서 구원 얻는 신앙에 관해 언급한 2항은 신자들의 믿음에 대해 말하기를 "믿음에 의해 기독교인들은 말씀 가운데서(in the Word) 말씀하시는(speaking therein) 하나님 자신의 권위 때문에, 그 안에 계시된 것은 무엇이나 참되다고 믿으며, 거기 개별적 구절에 포함된 것에 따라 각각 달리 행하니, 명령에는 순종하고, 경고에는 떨며, 이생과 내세를 위한 하나님의 약속들을 받아들인다."고 했다. 또 이와 관련한 교리문답(대교리문답 제1문)에서는 "사람의 가장 중하고 귀한 목적(chief and highest end of man)이 무엇입니까?"라고 물은 뒤에 대답하여 이르기를 "사람의 가장 중요하고 귀한 목적은 하나님을 영화롭게 하는 것(to glorify God)과 그분을 영원토록 마음을 다하여 즐거워하는 것(fully to enjoy him for ever)입니다."라고 했다. 무엇보다 스코틀랜드 신앙고백(1560) 제14조에서는 "하나님 앞에서의 선한 일들"에 관해 언급하기를 "……하나님은 율법으로 그의 거룩하신 위엄을 범하거나 거스르는 모든 일들을 금하실 뿐 아니라, 그를 기쁘시게 하며, 그가 상 주시기로 약속하신 일들을 위하여 행하는 일이요, 또 하나는 우리 이웃의 유익을 위해 행하는 일이다.……한 하나님을 믿고, 그에게 예배하며 영광을 돌리며, 우리가 온갖 어려움을 당할 때 그에게 부르짖어 아뢰며, 그의 이름을 거룩히 여기며, 그의 말씀을 듣고 믿으며, 그가 제정하신 성례에 참여하는 것 등이 첫째 선행에 속한다. 부모와 군왕들과 통치자들과 권세를 가진 이들을 공경하고, 그들을 사랑하며 부양하거나 지지하고, 하나님의 계명에 어긋나지 않는 한, 그들의 명령에 복종하며, 무죄한 자의 생명을 구하며, 독재자에게 저항하며, 압제를 받는 이들을 변호하며, 우리 몸을 정결하고 거룩하게 유지하며, 술 취하지 않고 절제하는 생활을 하며, 모든 사람에게 말과 행위로 공정하게 대하며, 끝으로 이웃을 해하려는 욕망은 어떤 것이든 자제하는 이런 모든 행위들은 둘째 선행에 속하며, 계명을 주신 하나님께서 아주 기뻐 받으실 만한 것이…"라고 했다. 한마디로 신자들의 신앙에 있어, 마땅히 행할 '의무'에 속하는 일들이 신앙의 중요한 내용이자 목적임을 여러 신앙고백과 교리문답들이 분명하게 가르쳐 주고 있는 것이다.[21] 마찬가지로 가정예배모범에서도 그런 맥락으로 개인예배가 필수적일 뿐 아니라, 그것이 "신앙적 의무들"에 대해 바르게 준비될 수 있도록 해준다고 말하고 있다.

그렇다면 어떤 의미에서 개인예배가 신앙적 의무들에 대해 바르게 준비될 수 있도록 해주는 것일까? 이를 알기 위해서는 '인간'에 대한 기본적인 이해 곧, 인간이 '육체'와 더불어 '영혼'을 지닌 존재라는 사실에 대한 이해가 필요하다.

웨스트민스터 신앙고백이 아직 채택되기 전에 스코틀랜드에는 스코틀랜드 신앙고백과 함께 제2 스위스 신앙고백이 스코틀랜드 장로교회 총회의 신앙고백으로 있었다. 그런데 제2 스위스 신앙고백 제7장은 "천사, 마귀, 사람 등 만물의 창조에 관하여" 다루는 가운데 5항에서 이르기를 "사람에 관하여 성경은 말씀하기를, 태초에 사람은

---

21) 이와 관련하여, 스코틀랜드 신앙고백과 웨스트민스터 신앙고백, 그리고 대·소교리문답이 하나님에 관해서나 세상의 창조에 관해 언급한 이후, 그리스도에 관해 다룬 다음에야 구원에 관해 다루는 구조상의 순서가 갖는 의미가 무엇인지를 생각해 보아야 한다. 즉, 개혁파 신앙고백과 교리문답들에서는 공히 '신론'을 바탕으로 구원을 다룬다는 것이다. 그러나 현대에 와서는 그러한 신앙고백과 교리문답이 도외시되고, 오히려 성경 신학을 바탕으로 구속사 중심의 구원론을 핵심으로 하는 신학체계 가운데 있으니, 피조물로서의 인간의 당연한 의무보다는 인간의 구원을 위한 하나님의 사랑에 중점을 두고 있다.

하나님의 형상과 모양을 따라 선하게 지음을 받았다. 하나님께서는
그를 낙원에 두시고 모든 것들로 그에게 복종하게 하셨다(창 1:27,
28; 2:8; 5:1)……."고 했으며, 또한 6항에서는 이르기를 "우리는 또
한 사람은 두 다른 본질로 구성되어 있다고 주장한다. 즉 몸에서 분
리되더라도 잠들거나 죽지 않는 불사의 영혼과 죽게 마련인 몸으
로 구성되어 있다. 그럼에도 몸은 살아 있든 죽어 있든 최후의 심판
에 죽음으로부터 일어나 온전한 사람이 되어 영원히 거할 것이다."
라고 했다. 그런데 인간의 몸과 영혼에 관하여 다루고 있는 토마스
카트라이트 (Thomas Cartwright, 1535-1603)의 『기독교 교리 강
론(A TREATISE OF CHRISTIAN RELIGION or, The Whole bodie
and Substance of Divinitie.)』 22) 에서는 제7장에서 "인간 창조에 대
하여" 23) 문답으로 다루는 가운데 "인간은 무엇으로 구성되어 있는
가?"라고 물은 뒤, 대답하기를 "두 가지로, 몸과 영혼이다."라고 했
으며, "그의 몸은 무엇으로 만들어졌는가?"라고 물은 다음에는 대답
하기를 "땅의 고운 먼지이다.……"라고 했다. 아울러 몸(남자의 몸)
이 땅의 고운 먼지로 만들어진 것에는, 가장 저급한 요소(먼지)로 남
자의 몸을 만듦으로써 "사람에게 그 자신의 몸이 어떤 낮은 물질로
만들어졌는가에 대한 이해를 주시려"는 의도가 있으며, 이를 통해
"인간은 자기 스스로의 통찰을 함으로서 스스로 낮아지고, 겸손해
질 수 있다."고 설명해 주고 있다. 반면에 영혼은 "영적인 본질로 만
들어졌으며, 그 본질은 하나님께서 사람에게 생명을 주시기 위해서
땅에서 나온 육체 안에 불어 넣으신 것"으로, "그 숨이 몸과 결합되

---

22) Thomas Cartwright, 김지훈 역 『기독교 교리 강론』, (서울: 개혁주의 성경연구소, 2004).
23) 위의 책, 43-50 참조.

었을 때, 그 자체 안에 생명을 가졌던 것처럼 몸으로부터 분리되었을 때에도 (그 숨은) 생명을 유지한다."고 하여, 육체와 달리 영적인 본질로 된 영혼이 영원함을 설명하고 있다. 그러므로 이러한 인간의 육체와 영혼에 대한 이해 가운데서 우리들은, 영적인 본질로 된 영혼의 높은 가치를 생각할 수 있으며, 개인예배를 통해 신앙적 의무들에 대해 바르게 준비된다는 것이 주로 영혼에 관계된다는 사실을 알 수가 있다. 즉 주일에 육체적인 쉼을 갖는 이유가 영적인 일에 집중하기 위함인 것처럼, 개인예배를 통해 준비되는 것 또한 영적인 본질로 된 영혼이 신앙적 의무들을 따르고 지키는데 바르게 준비되도록 함인 것이다.

하지만 웨스트민스터 신앙고백 제21장 6항의 문구는 후반부에 "그러나 하나님께서는 신령과 진리로 어디서나 예배되어야 하고, 각 가정에서 매일, 그리고 각자 홀로 은밀한 가운데 예배되어야 하듯이, 하나님께서, 그의 말씀이나 섭리에 의하여, 그리고 부르실 때, 부주의하게 혹은 고의적으로 소홀히 되거나 저버려서는 안 되는, 공적인 모임에서 더욱 엄숙히 예배되어야 한다."고 언급하고 있다. 특히 "각자 홀로 은밀한 가운데 예배되어야 하듯이"라는 문구에서 분명하게 개인적인 예배의 당위성을 언급하고 있어서, 경건한 예배의 요소가 특정한 장소에 매여 있는 것이 아니라는 언급에 대한 오해[24]가 없도록 부연하고 있는 것을 볼 수 있다. 즉 개인적으로나 가정에서 드리는 예배는 그 자체로 완전하고 최종적인 것처럼 생각해서는 안 되며, 오히려 "공적인 모임에서 더욱 엄숙히 예배되어야 한다."

---

24) 특별히 재세례파의 경우인데, 그들 가운데에는 예배의 장소에 대한 제한을 거의 두지 않거나, 심지어 공적인 예배에 있어서도 장소와 질서의 제한을 두지 않는 등 파격을 보였다. 나중에 그러한 배경 가운데서 '무교회주의'(Non-church movement)가 파생되었다.

는 것이다.

　이처럼 예배모범에서 언급하는 신자의 생활에는 항상 예배가 중심을 이룬다. 즉 "개인적으로" 또한 "각 가정마다", 그리고 "공적으로" 교회에서 예배를 드리는 방식으로 개인의 신앙과 교회적인 신앙, 심지어 국가적인 신앙의 일치까지도 도모될 수가 있는 것이다. 그러나 오늘날 우리의 생활을 바탕으로 이러한 예배모범을 살펴보면, 우리들의 생활은 가히 황망한 수준이라 할 것이다. 각 가정에서의 예배는 고사하고 공적인 교회의 예배에 참여하기도 버거운 현실에서의 엄연한 모습들은, 가히 우리들도 출애굽하기 전 무거운 고역(苦役)에 시달리는 '노예'(애굽의 이스라엘 백성들)와 다를 바가 없기 때문이다. 하지만 그런 현실에서 탈출하려 할 때에, 그 목적은 분명 우리들의 육신의 자유가 아니라 예배의 자유를 위함이라는 사실을 결코 놓치지 말아야 한다. 바로 그 점이 계몽운동이나, 그 가운데서의 노동운동과 같은 것들과 가정예배모범이 말하고 있는 것의 근본적인 차이다. 우리들은 육신적인 평안을 위하지 말고, 웨스트민스터 소교리문답의 제1문, 즉 "사람의 제일 되는(최고의) 목적이 무엇입니까?"라는 질문에 대한 답변인 "하나님을 영화롭게 하는 것과 영원토록 그를 즐거워하는 것입니다."라고 하는 대답에서 단적으로 알 수 있는, 인생의 최고의 목적을 위해야 마땅한 것이다.

"가장들에게는 가족들이 개인예배를 성실히 실행하는지 살필 책임이 있다"

　가정예배모범은 개인예배가 필수적이며 그 유익과 목적이 분명

함을 언급함과 아울러, 그 시행에 있어서 목회자뿐만 아니라 가장 (head of the family)들의 역할과 책임 또한 명백히 하고 있다. 특히 개인예배에 있어서 목회자의 권면과 함께 가족들이 이를 잘 시행하는지의 여부를 가장들이 살피도록 언급하고 있어서, 개인예배를 얼마나 중시하고 있는지를 알게 한다. 아울러 공적인 신앙과 경건 뿐 아니라 사적인 신앙과 경건을 권하고 살펴보는 목회적 역할과 책임이 가장에게 지워져 있어, 한마디로 가장이 그 가정의 목회적 기능을 수행하는 중요한 목회자의 위치에 있음을 분명히 하고 있다.

그러나 현대 사회에서 기독교의 모습은 개인적인 신앙과 경건을 살펴보기 어려운 것이 사실이다. 더군다나 육체적인 데에 소용되는 일들, 이를테면 교육이나 노동의 문제만 하더라도 개인적인 신앙과 경건과는 전혀 상관이 없다시피 과도하게 지워져 있는 것이 엄연한 현실사회의 모습이다. 한마디로 현대사회는 신자가 개인적으로 신앙과 경건의 시간을 낼 수 없을 정도로 과도한 일상들로 가득 채워져 있다. 아침, 혹은 저녁이나 중간에 시간을 내어 개인예배를 드리기가 사실상 불가능하다시피 한 경우가 아주 많은 것이다. 그러므로 참된 신앙으로 사회에 영향을 끼치는 신자들이라고 한다면, 이러한 현실에 대한 문제의식을 바탕으로 개인적인 신앙과 경건에 있어서의 현실적 어려움만을 호소할 것이 아니라, 오히려 그러한 현실들이 신자의 신앙과 경건의 실천에 방해가 되지 않도록 개혁하는 일에 더욱 수고해야 마땅하다. 물론 그러한 수고는 흔히 볼 수 있는 노동운동이나 교육개혁과는 별개이지만, 자신이 역량을 발휘할 수 있는 범위에서부터 신자들이 개인적으로 신앙과 경건을 위한 시간을 가질 수 있도록 실재적으로 보장하는 데에 앞장서 나아가야 하는 것이

다.[25]

일찍이 스코틀랜드 장로교회의 중요한 골격을 조성했던 존 낙스와 앤드류 멜빌은 신자들이 개인적으로 신앙과 경건을 위한 시간을 가질 수 있도록 하는 데에 앞장서서 모범을 보인 대표적 인물들로써, 1561년에 잉글랜드의 신앙을 로마가톨릭 신앙으로 뒤집으려는 메리 여왕(Mary Stuart, 1542~1587)의 정책들에 맞서 주장하기를 "그들의 왕들이 하나님께서 금하신 것을 명령할 때에는 언제나 "힘을 가진 백성들은 그들에게 저항할 수 있다." 왜냐하면 그러한 왕들은 자신의 자녀들을 죽이려는 부모들과 같기 때문이다. 이들은 마치 미친 것과 같다. "그렇기 때문에 이들에게서 칼을 빼앗고, 그들의 손을 결박하고, 그들을 감옥에 처넣는 것은 왕들에 대한 불순종이 아니라 올바른 순종이다. 왜냐하면 이렇게 하는 것이 하나님의 말씀과 일치하기 때문이다."[26]라고 했다. 즉, 낙스는 여왕의 부당한(하나님의 말씀에 위배되는) 강요에 대해 현실적인 어려움이라고만 말하지 않고, 오히려 그럴 경우에 백성들이 순응해야 하는 것은 여왕이 아니라 하나님이심을 분명히 하고, 하나님의 법에 순응할 수 있도록 세상의 권세가 개혁되어야 함을 주장한 것이다.

하지만 가정예배모범은 존 낙스의 경우처럼 어렵고 큰 결단을 요구하고 있는 것이 아니라, 각자의 가정에서 마땅히 가장으로서 해야만 하는 의무와 관련한 책임을 언급하고 있는데, 그것은 한마디로 가정에서 가장으로 목회하는 자가 감당하여야 할 마땅한 도리인 것

---

25) 이 점에 있어서 주일에 실시하는 국가고시 시행에 대한, 정치권과 집권층에 속해 있는 신자들의 책임과 역할을 언급해야 마땅할 것이다. 이는 휴일을 보장하는 일반적인 복지정책의 취지와도 상충하는 만큼, 반드시 제도적 시정을 위한 신자들의 책임 있는 역할 수행이 요구되는 대표적 사례다.

26) William Haller, Liberty and Reformation in the Puritan Revolution, Columbia University Press, 1963, 5. 서요한, 『언약사상사』, (서울: 기독교문서선교회, 1994), 94 재인용.

이다. 물론 가정예배모범은 목사의 역할을 분명히 언급하고 있지만, 그는 가정에 대해 권고하는 위치일 뿐 실질적인 목회적 기능(가족들의 신앙과 상태를 살피는 역할)[27]은 가장이 수행하도록 언급하고 있다. 그러므로 가정에서 가장이 그러한 목회적 기능을 수행하지 않는 것은, 목사가 지교회에서 목회의 역할을 수행하지 않는 것과 동일한 잘못을 행하는 것이라 하겠다. 디모데전서 3장에서 사도 바울은 감독(Bishop)과 집사(Deacon)가 갖춰야할 자격에 대해 공히 "자녀와 자기 집을 잘 다스리는 자"(2, 12절)라야 할 것을 말하고 있다. 그러므로 교회의 감독자인 목사와 장로들은 먼저 자기 집을 잘 살필 줄(다스릴 줄) 아는 사람으로, 그처럼 교회를 또한 잘 살필 줄 아는 자여야 한다는 점에서, 딤전 5:17절에서 사도는 "잘 다스리는 장로들(Elders)을 배나 존경할 자로 알되 말씀과 가르침에 수고하는(labor in the word and doctrine) 이들(목사와 교사)에게는 더욱 그리할 것이라."고 했다. 하지만 그처럼 자기 집과 자녀들을 잘 살필 줄 알아야 하는 것은 감독들과 집사들을 비롯한 직분자들의 덕목인 것만이 아니라 모든 가장들의 마땅한 역할에 해당하는 덕목으로, 이는 엡 6:4절에 있는 "아비들(fathers)아 너희 자녀를 노엽게 하지 말고 오직 주의 교훈과 훈계로 양육하라."는 말씀이 단적으로 나타내 주고 있다. 따라서 자기 가정과 자녀들의 신앙과 경건을 위하여 개인예배를 성실하게 잘 드리는지를 살펴보고 지도하는 것은, 모든 신앙의 가정에서 가장들이 수행해야할 중요한 목회적 책무라 하겠다.

---

27) 그러나 현대에 평신도신학의 맥락은 가장들이 각자의 가정에서 감당하는 목회적 기능과 역할에 중점을 두기보다는 대형화한 교회들의 조직과 목회적 기능의 일부를 감당하도록 하는 방향으로 되어 있어서, 정작 중요한 가장으로서의 목회적 기능을 소홀히 하거나, 그러한 불성실에 대한 공적인 치리를 따르지 않도록 할 수 있는 폐단을 내포하고 있다는 점을 유의하여야 할 것이다.

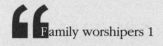

경건한 개인예배(secret Worship)로서의
'C·T(Creed Time)'의 제시

장대선 목사

『웨스트민스터 신앙고백 스터디』 (고백과문답) 저자

칼빈(Jean Calvin, 1509~1564)을 비롯한 대부분의 종교개혁자들이 추구한 신앙은 로마가톨릭으로부터의 분리가 아니라, 참된 신앙으로 돌아가는 것이었다. 흔히 개신교가 시작된 것을 분리(separation)라고 생각하지만 그처럼 순전한 신앙을 위해 분리를 추구한 것은 오히려 재세례파(Anabaptist)그룹이었고, 정통적인 종교개혁 진영에서는 로마가톨릭의 신학을 비판하더라도 시종일관 구원과 관련하여 그들을 완전히 제외시킨 적이 없다. 오히려 로마가톨릭에 의해 이단으로 규정되어 파문(anathema)된 것이 종교개혁자들과 개혁된 신앙이다.

그런데 그처럼 종교개혁자들에 의해 개혁된 신앙에 있어 중요한 요점 가운데 하나가 바로 "분리주의"(separatism)에 대한 반대의 맥락 가운데서의 "신앙의 일치"(一致)다. 그러므로 칼빈에 의해 초안된 「프랑스 신앙고백」에서도 그 시작을 "우리의 구주 예수 그리스도의 복음의 순수성을 지키며 살기를 원하는 프랑스인들은 1559년에 이 신앙고백을 일치하여 만들었다."는 선언으로 시작한다. 바로 그러한 요점에 있어서, Q·T(Quiet Time)는 거의 반대의 위치에서 시작하는 프로그램인데, 그럼에도 불구하고 그동안 한국에서 개인적인 예배로서의 성경 읽기는 거의 전적으로 Q·T에만 의존해왔다고 해도 과언이 아니다. 그러므로 개인적으로 Q·T를 실시하는 것만으로 개인예배와 심지어 가정예배까지도 대체하는 것이 보편적이라 할 수 있는 실정이다.

사실 Q·T에 있어서 핵심 키워드(key word)인 "오늘 나에게 주시는 말씀"이라는 문장인데, 바로 그 문장 안에 Q·T의 모든 성격이 함축되어 있으니 성경본문이 오늘 나에게 어떤 의미로 읽혀지느냐를 지향하는 것이다. 그리고 그 '의미(meaning)'란 지극히 주관적인 것으로서, 의미를 전달하기 위한 문장의 문법적인 구조와 그렇게 하여 나타내고자 한 의미의 일치보다는 그 문장 자체가 나에게 어떤 실존적 의미로 읽히느냐를 중심으로 한다는 점에서 그렇게 말할 수 있는 것이다. 아울러 그러한 주관적 해석에 근거하는 의미이해를 인증하는 수단으로서 하나님의 내면적인 음성을 통한 확신을 "렉시오 디비나"(Lectio Divina)에서 차용하는 것이다. 뿐만 아니라 Q·T의 최종적인 완성은 하나님의 말씀에 대한 순종이라고 표현하는 '실천(practice)'에 근거하고 있다. 그처럼 처음부터 실천을 강하게 염두에 두고서 본문을 읽도록 의도하는 것이 Q·T에서의 성경읽기이니만큼, 대부분의 Q·T교재들이 성경의 모든 본문들에 대해 그처럼 실천을 유도하도록 해석하여 제시하고 있다.

이처럼 Q·T는 기본적으로 '주관주의'와 '행동주의'의 요소를 담고 있는데, 후자는 주관적으로 이해하고 확신하는 바를 즉각 실천에 옮겨 보도록 함으로써 주관(主觀)을 더욱 강화시키는 역할을 하는 것이다. 그리고 결국 그러한 Q·T의 요소들은 신앙에 있어 일치보다는 다양성을 추구함으로 말미암는 오류를 불가피하게 양산할 수밖에 없는 것이니, 그것은 바로 본문에 대한 신비주의적 해석으로 이어질 수 있는 오류라 할 것이다. 실제로 Q·T 교재들에서 소개하고 있는 "향심기도"(centering prayer)나 "예수기도"(Sinaite Hesychasm에서 유래)와 같은 것들은, 기독교 안에서의 신비주의의 원천이라 할 수 있는 사막교부들(Desert Fathers)의 다분히 신비적인 기도와 수행전통에서 유래한 것들이다.

그러나 로마가톨릭의 종교와 구별된 개신교회들의 개혁된 신앙에서는 항상 개인의 신앙을 공(公)적으로 고백하며, 이를 통해 일치를 이루는 것을 중요하게 여겼다. 그 때문에 개신교인들의 신앙은 로마가톨릭 수도원들의 경우와 달리 언어로써 이해하고 표현할 수 있는 방식인 "신조"(Creed)와 "교리문답"(Catecheses)을 통해 공유되고 전수되었던 것인데, 그렇게 하여 개신교의 신앙은 신비주의를 배척하고 주관적 신앙이 아닌 객관적(공적) 신앙을 통한 "공교회"(Catholic Church) 의식을 강화하고자 했다. 이러한 개혁된 신앙의 배경 가운데서 필자는 'C·T'(Creed Time)라는 새로운 개인경건의 프로그램을 소개하고자 한다. 이는 Q·T의 여러 폐단들에도 불구하고 하루 중 일정한 시간을 신앙에 집중할 수 있도록 유도한 점이나, 그렇게 하여 성경을 집중해서 읽도록 습관을 들이는 역할을 했다는 점에서 Q·T의 기여를 어느 정도 인정하면서도, Q·T와는 전혀 다른 맥락을 습관화할 수 있도록 하고자 함이다.

C·T란 Creed Time의 머리글자로 된 용어로서, Q·T와 유사하면서도 그 지향하는 바는 정반대인 프로그램이다. 즉 Q·T의 주관주

의, 신비주의, 공교회성 상실의 우려를 보완하여 정반대로 신앙의 객관화와 공교회적 내용들을 공유하도록 하는 것이 C·T의 목적이다. 얼핏 교리를 통해 성경본문을 살피게 될 경우, 본문에 대한 선입견으로 작용할 수 있을 것이라 우려하는 경우가 많지만, 사실상 오랜 장로교회의 역사 가운데서 이미 충분히 검증되어 교단의 헌법에 수록한 교리를 모르는 것이야말로 심각한 문제임을 알아야 한다. 자신이 속한 교회와 교단의 신앙 정체성이 무엇인지 모르고서는 결코 성경을 온당히 살필 수가 없으며, 오히려 로마가톨릭으로부터 개혁된 신앙의 취지는 그러한 교리를 통해 일치된 신앙을 꾀하는데 주안점을 두고 있었다는 사실을 명심해야 하는 것이다.

이를 위해 C·T에서 활용할 수 있도록 필자에 의해 저술된 「웨스트민스터 신앙고백 스터디(서울: 고백과문답, 2016)」는 정통장로교회들의 신조인 웨스트민스터 신앙고백의 각 장들과 항목들의 내용을 요점별로 숙지하되, 그것이 사변(思辨)이 아니라 성경의 진리를 축약한 것이라는 사실을 성경본문을 직접 찾아서 확인하는 과정 가운데서 수행할 수 있도록 했다. 아울러 매 주일마다 그 주간에 수행한 C·T의 범위 가운데서 중요하거나 핵심적인 주제와 관련한 다양한 주제들을 가지고 함께 그룹토의나, 강의 프로그램을 진행할 수 있는 소스(source)들을 제공하고 있다.

이처럼 성경본문을 귀납법에만 치우치지 않고, 오히려 성경본문에서 연역하여 오랜 신앙의 역사 가운데서 검증된 교리들을 토대로 살피게 될 때에, 비로소 의미를 알기 어려운 책이 아니라 의미가 읽히는 책으로서의 단맛을 보게 된다. 그리고 이를 통해 비로소 교회의 모든 신자들 개개인이 한 신앙 가운데서 한 몸을 이루는 참된 신앙의 일치를 이룰 수가 있는 것이다.

※ 개인예배로서의 C·T의 더욱 구체적인 개념과 내용은 부록 1을
   참조하라.

II 가정에서 행해지는 경건한 예배에는 다음과 같은 일반적 의무들이 포함되어 있다. 먼저 기도와 찬양은 하나님의 교회와 이 나라(the kirk of God and this kingdom)의 공적인 형편과 필요뿐 아니라 가정과 가족구성원 모두의 상태와 관련해서도 행할 수 있다. 다음으로 교리 교육(catechising)과 함께 성경읽기를 할 때에는 본문과 관련하여 평이하고도 분명하게 교육하여 이를 쉽게 이해할 수 있도록 함으로써 이들이 나중에 공예배에 참여했을 때에도 도움을 받을 수 있도록 해야 한다. 아울러 모든 가족 구성원들의 덕을 세우고 거룩한 신앙으로 교훈될 수 있도록 경건한 토의(godly conference)와, 또한 정당한 이유에 따라 가정에서 권위를 가진 자가(from those who have authority in the family)가족들에게 훈계와 책망을 할 수도 있다.

1항에서 다룬 개인예배의 유익과 의무는 이제 2항에서 곧장 가정에서 행해지는 예배(가정예배)의 유익과 의무로 확장되는데, 그 가운데서 우리들은 개인적인 신앙과 경건이 어떻게 가정 전체의 신앙과 경건에 연계되는지에 대한 이해를 가질 수가 있다. 즉 가정에서의 예배는 개인예배를 통해 가족 모두가 각자 개인적으로 가정에서의 신앙과 경건의 의무들에 대해 올바로 준비될 수가 있게 되는 것이다. 그러므로 1항에서 개인예배를 필수적이라고 강조한 것이다.

한편 2항에서는 가정예배의 기본적인 틀과 내용들을 간단히 언급하고 있는데, 가정예배에 들어갈 기본적인 순서와 내용들은 기도와 찬양, 성경 교육을 포함한 성경 읽기, 경건한 대화, 훈계와 책망으로서, 이러한 기본적인 순서와 내용들만 보더라도 가정예배가 지니는 목회적 성격[28]을 파악할 수가 있다.

기도와 찬양

스코틀랜드에서 널리 승인되어 가르쳐진 제2 스위스 신앙고백 제23장은 "교회의 기도와 찬송, 정한 기도 시간"에 관해 언급하는데, 특히 공중 기도와 관련한 3항의 언급을 보면 "……예배 모임에서 가장 큰 부분은 복음을 가르치는 일에 할당되어야 한다."고 했으니, 이에 따라 "매사에 그러하듯이 공중 기도에도 어떤 표준이 있어서 기도가 지나치게 길어져 지루하지 않도록 해야 한다.……기도가 너무 길어 회중이 피곤한 나머지 막상 복음을 전하는 설교를 들어야 할 때는 자리를 뜨거나, 너무 기진한 나머지 모든 것을 생략했으면 하지 않도록 조심해야 한다."고 했다. 여기서 "예배 모임에서 가장 큰 부분은 복음을 가르치는 일에 할당되어야 한다."는 말이 의미하는 바는, 단순히 예배에 사용되는 시간의 분배에 대한 것이 아니라 예배에 있어 중심적인 것이 무엇인가를 나타내는 말이다. 즉 요 4:24절의 "하나님은 영이시니 예배하는 자가 영과 진리로 예배할지니라."고 한 것에서 단적으로 드러나듯이, 하나님께 드리는 영적인 예배의 중심에 "진리" 곧, 복음의 진리가 자리하고 있는 것이다. 그

---

28) 특별히 가정예배에 내포된 목회적 성격은 4항과 5항, 그리고 6항에서 더욱 명백히 들어나는데, 가정예배를 인도하는 가장은 단순하게 아버지만을 말하는 것이 아니라, 가정 안에서 특별한 부르심(particular calling)을 받은 자여야 한다는 점에서 더욱 공적인 성격 가운데서 세워지는 것임을 알 수 있다. 따라서 4항에서는 가정예배를 인도하기에 부적격자인 가장의 경우 지교회의 목사나 당회에 의해 인도자를 따로 세울 수 있도록 하고 있다.

러므로 예배의 모든 근거와 원리들이 바로 진리의 복음이 담긴 말씀(성경)에서 시작되는 것이며, 그것은 기도에 있어서도 마찬가지다. 잠 28:9절 말씀이 명백히 교훈하는 바와 같이 하나님의 말씀인 성경의 진리 가운데서 참된 기도 또한 가능한 것이다.

　그런데 토마스 카트라이트는 그의 교리 강론 제40장에서 "기도 혹은 기원에 대하여" 다루는 가운데서 "기도는 하나님 예배의 중요한 부분이다. 그러므로 하나님 외에 다른 어떤 것에게 해서는 안 되는 것이다."[29]라고 말하며, 또한 "하나님께서는 이 예배를 명하셨고, 그것은 날마다 정해진 시간에 중지함 없이 계속적으로 수행되어야만 한다."[30]고 말한다. 무엇보다 사적인 기도에 관해 이르기를 "그것에는 한 가족 전체가 모여서 함께 기도를 할 때와 같은 덜 사적인 것과, 또한 가족 구성원 중 한 명, 혹은 몇몇이 특별한 의무를 행하려는 이유로 함께 모여서 기도할 때와 같은 더욱 사적인 것이 있다."[31]고 하여, 가정 예배에 있어서 기도의 구체적인 범위들을 세세히 다루어 주고 있다. 따라서 기도는 단순히 간구하는 것만이 아니라 감사를 포함한 예배의 중요한 부분을 이루는 것이며, 아울러 하나님의 말씀인 성경의 진리 가운데서 참된 기도 또한 가능한 것이니, 그러한 의미에서 거의 모든 종교개혁자들과 개혁신학자들이 '주기도문'(Lord's Prayer)에 대해 자세히 풀이했던 것이다. 아울러 "누구를 위하여 기도해야 하는가?"[32]라고 하는 기도의 대상에 대한 물음 가운데서 카트라이트는 이르기를 "우리 자신과 다른 사람들을 위해서인데, 심지어 모든

---

29) Thomas Cartwright, 『기독교 교리 강론』, 263.
30) 위의 책, 265.
31) 위의 책, 267.
32) 위의 책, 264.

종류와 모든 신분의 사람들, 즉 관원, 사역자와 참으로 우리의 원수들까지"라고 하여, "하나님의 교회와 이 나라(the kirk of God and this kingdom)의 공적인 형편과 필요 뿐 아니라 가정과 가족구성원 모두의 상태와 관련해서도 행할 수 있다."는 가정예배모범의 언급이 훨씬 광범위하게 적용되는 것을 볼 수 있다. 그러므로 살전 5:17절의 "쉬지 말고 기도하라"는 말씀은, 개인과 가정에서의 기도에 의한 예배의 가장 직접적이며 실천적인 말씀인 것이다.

한편, 예배의 요소 가운데 하나인 찬양에 있어서도 하나님의 말씀인 성경의 진리는 중요한 근거와 바탕을 이루는데, 이에 따라 스코틀랜드 장로교회를 비롯한 개혁파 장로교회들은 성경에서 유례 하는 '시편송'(Psalter)을 예배 때에 부를 합당한 찬송으로 강조해 왔다. 그러므로 웨스트민스터 예배모범의 공적인 감사 주일에 관한 항목에서도 시편송에 대해 이르기를 "시편송은 대부분의 의식 중에서 감사와 즐거움을 가장 잘 표현한 것이기 때문에 현재의 의식에 적합한 말씀을 봉독하기 전이나 후에 감사의 뜻을 담은 시편송을 부르도록 한다."[33]고 했으며, 무엇보다 시편송에 관해 따로 항목을 두어 설명하기를 "공적인 집회 가운데서 함께 시편송을 부르면서(시편들을 노래함으로) 하나님을 찬양하거나 혹은 개인적으로 가정에서 하나님을 찬양하는 것은 그리스도인의 의무이다."[34]라고 했다. 이처럼 공적인 예배에서나 개인적인 혹은 가정예배에서나 성경말씀에 근거하는 가장 합당한 찬송은 시편송으로서, 그러한 시편송에 관하여 웨스트민스터 예배모범에서는 설명하기를 "시편송을 부를 때에는 목

---

33) 정장복 역, 『웨스트민스터 예배모범』, 79.
34) 위의 책, 80.

소리를 가다듬고 엄숙하게 정돈한다. 주님을 찬양할 때 중요한 것은 마음에서부터 우러나오는 은혜와 이해로 (주님께 합당한 곡조를 만들어) 찬양해야 한다는 것이다."라고 언급하고 있다.

그런데 개인적으로나 가정에서 혹은 공적으로 시편을 찬송함에 있어서 한 가지 유념할 것이 있는데, 그것은 "마음에서부터 우러나오는 은혜와 이해로 찬양해야 한다."고 한 웨스트민스터 예배모범의 언급이다. 그 가운데서도 특히 "이해로 찬양해야 한다."는 점이 중요한데, 하나님을 찬양함에 있어서도 중요한 것은 우리 자신의 '감정'이 아니라 하나님께서 계시하신 진리 자체가 더 중요하기 때문이다. 오히려 하나님께서 계시하신 '진리'로 말미암는 반응으로서 "마음에서부터 우러나오는 은혜"가 있는 것이다. 웨스트민스터 총회 석상에서는 심지어 "공식적인 성경이 아닌 운율에 맞춘 의역의 시편송은 불법"[35]이라는 주장이 제기되기도 했는데, 총회 당시의 보편적인 찬송(시편송 외의 찬양)에 대한 견해는 스코틀랜드의 제1 치리서가 말하고 있는바 "찬양은 유익하지만, 필수적인 예배 행위는 아니다."라고 하는 것이었다. 즉 시편송 외에 다른 찬양에 대해서 일부 타당성을 인정하기는 했지만, 그런 것은 예배에 필수적인 것이 아니라는 입장이었던 것인데, 그처럼 하나님 앞에서 합당한 찬양의 조건은 하나님의 계시인 성경에 담긴 시편을 노래하는 것에 집중되었던 것이다. 그러므로 개인적으로나 가정에서나 예배에 합당한 찬양은 항상 시편을 노래하는 것이었음을 알 수 있다.

그러나 시편을 노래하는 장로교회의 중요한 모범이 한국의 장로교회들에는 이제야 조금씩 소개되고 있다시피 한 실정이다. 그러므로

---

35) 위의 책, 137-8.

이미 장로교회들이 써왔던 찬송들은 18세기 이후 혹은 19세기에 주로 작곡된 복음송(praises)들이 대부분인 상황에서 시편을 노래하는 찬양의 모범을 따르기 위해서는, 더욱 개인적인 예배를 통해 시편을 잘 이해하고 그러한 신앙 가운데서 가정으로 모여 공적으로 시편을 노래하는 개혁과 실천이 시급히 필요한 것이다. 교회의 공적인 예배에서도 시편을 노래함이 마땅하지만 우선은 가정에서부터 성경의 시편을 바르게 이해하고, 마음에서부터 우러나오는 은혜 가운데서 찬양하는 신앙과 경건의 실천이 속히 이루어져야 마땅한 것이다.

성경 교육을 포함한 성경 읽기

가정예배에 있어 중심이 되는 성경 읽기와 교육에 대해 살펴보기에 앞서 성경을 대하는 자세에 대해 먼저 생각해 볼 필요가 있다. 로마가톨릭과 달리 종교개혁 이후의 개신교 진영에서는 모든 성도들이 성경을 읽고 교육받도록 권장하고 있는데, 그 구체적인 모습에 있어서는 미묘한 선에서의 구별과 타당한 이해가 요구되기 때문이다.

우선 종교개혁 이전까지 로마가톨릭교회가 공인한 성경은 라틴어 불가타(Vulgata)본이었다. 물론 존 위클리프(John Wycliffe, 1320-1384)가 라틴어 신약성경을 영어로 번역했으며, 그보다 앞서 프랑스에서 발도(Waldo of Lyons, 1140-1205)에 의해 라틴어 성경을 프랑스어로 번역한 일이 있었지만, 그런 성경번역은 라틴어 불가타본 만을 절대적으로 신뢰하는 로마가톨릭의 입장[36]에 따라 전적으로 부정되고 폐기되어야만 했다. 라틴어(사제들과 학식이 높은 자들만이 읽을 수 있는 언어)로 된 성경 외에는 일절 용인되지 않았던 것이다. 그러므로 라틴어를 배우지 못한 대부분의 성도들은 성경의 내용을 일절 알지 못했고, 또한 성경 자체도 너무 귀했기 때문에 평생 성경을 접하는 일이 없이, 그저 사제가 미사 때마다 읽는 라틴어로 된 이상한 소리들로밖에는 듣지를 못하는 형편이었다. 요 4:23절 말씀을 따라 "영과 진리로"(Spirit and Truth) 예배하는 것이 아니라 제의(sacrificial rites)적인 미사(Missa)로 만족하는 가운데 있었기에, 성경의 내용을 알지 못하는 것이 전혀 종교행위에 방해가 되지 않았던 것이다. 그러다가 16세기 종교개혁의 시대 이후 본격적으로 많은 개혁자들이 성경을 각 나라의 말로 번역하기 시작했고, 때마침 인쇄술의 발달로 번역 성경들이 널리 보급되면서 개신교인들의 각 가정에서 성경을 읽고 배우는 일이 충분히 가능하게 됐다.

한편 로마가톨릭의 종교는 전통적으로 사제에 의해 시행되는 미사를 중심으로 하는 제의적 성격이라는 점에서 기본적으로 사적인 종교행위를 인정하지 않는다. 따라서 신자들의 거의 모든 종교적 행위가 성당(a Catholic Church)과 사제(a Catholic priest)를 중심으로 하여 이뤄지도록 되어 있는 것이다. 반면에 개신교 진영인 스코틀랜드 장로교회가 일찍이 채택한 제2 스위스 신앙고백 제22장 "종교적이며 교회적인 모임"에 관한 첫 번째 조항에서는 가장 먼저 이르기를

---

36) 1546년 트렌트 공의회 제4차 회기에서는 이와 관련하여 "만일 누가 가톨릭교회에서 예로부터 읽혀져 왔고 라틴어 불가타 고전본에 실려 있는 대로 이 책들 전체를 한 부분도 빠짐없이 거룩한 정전(정경)으로 받아들이지 않는다면……그는 파문받아야(anathema sit) 한다."고 명시했다. G. Alberigo 외, 김영국, 손희송, 이경상 역, 『보편 공의회 문헌집 제3권-트렌토 공의회 · 제1차 바티칸 공의회-』, (서울: 가톨릭출판사, 2006), 664.

"모든 사람들이 집에서 사사로이 성경을 읽고 가르침을 통하여 서로가 참 종교로 지덕을 함양하도록 허락되었"다고 했다. 즉 성당과 사제를 중심으로 하는 제의적 신앙이 아니라, 성경을 읽고 교리를 가르침(catechising)이 중심인 신앙의 형태라는 점이 개신교 신앙의 중요한 특성인 것이다. 아울러 종교개혁 이후의 개신교 신앙에 있어서, 특별히 스코틀랜드 장로교회에서 성경을 읽고 가르치는 일은 신자들의 가정에서 해야 할 당연한 것이었다. 그러므로 제2 스위스 신앙고백에서도 제29장에서 "독신 생활, 혼인 및 가정 경영에 관하여"고백하는 가운데 특별히 3항에서 이르기를 "자녀들은 주님을 두려워하는 가운데 부모가 양육해야 한다."고 언급하고 있는데, 그 근거로 딤전 5:8절에 있는 "누구든지 자기 친족 특히 자기 가족을 돌보지 아니하면, 믿음을 배반한 자요 불신자보다 더 악한 자니라."고 하는 말씀을 인용하고 있다. 자기 가족을 돌본다는 것을 단순히 육신적인 부양으로서만이 아니라, 영적인 부양으로 더욱 강조하여 다루고 있는 것이다. 그러므로 가족들이 성경을 읽도록 하고 또한 성경의 내용을 가르치는 일(교리 교육)은, 결혼과 가정 경영에 있어 중요하게 강조되는 근본적인 가장의 역할과 목적이라 하겠다. 이처럼 로마가톨릭의 미사와 구별되는 개신교 예배의 핵심은 성경의 진리에 근거하는데 있으며, 그처럼 중요한 성경의 진리를 알고 깨닫는 것이 롬 12:1절에서 사도 바울이 말하는 "합당한 예배"(reasonable serving of God)의 핵심인 것이다.

그런데 가정예배모범은 가정에서의 예배에 있어 성경을 읽고 가르치는 것에 관한 중요한 지침을 제시하고 있으니, 그것은 "교리 교육과 함께 성경읽기를 할 때에는 본문과 관련하여 평이하고도 분명하게 교육하여 이를 쉽게 이해할 수 있도록 함으로써 이들이 나중에 공예배에 참여했을 때에도 도움을 받을 수 있도록 해야 한다."는 것이다. 즉 개인적으로 드리는 예배가 온 가족이 모이는 가정예배에 유익이 되도록 하기 위함과 마찬가지로, 가정예배 또한 교회로 모이는 공예배에 참여하여 예배드리는 데에 도움을 받도록 하기 위함이라는 것이다. 그러므로 가정예배모범이 다루고 있는 예배는 개인의 신앙과 경건이 가정으로, 그리고 공예배를 드리는 교회당으로 점차 확장되도록 준비되는 성격임을 알 수가 있는 것이다. 따라서 현대의 공예배가 그 예비함과 준비에 있어 얼마나 부족한지, 그에 반해 가정예배모범이 얼마만큼 개인의 신앙과 경건이 공적인 예배에서의 신앙과 경건으로 확장될 수 있도록 세밀하게 지도해 주고 있는지를 알 수가 있다.

결국 가정예배모범에서 개인과 가정의 예배의 중심에 성경을 읽는 것과 성경의 내용을 배우는 것(교리 교육)에 대한 강조가 있는 것은 온 교회가 공적으로 드리는 예배에 대한 준비요, 신앙과 경건의 실천인 것이다.

경건한 토의

가정예배모범에서 말하는 "모든 가족 구성원들의 덕을 세우고 거룩한 신앙으로 교훈될 수 있도록 경건한 토의"가 있어야 한다는 문구는 가정예배의 구성이 갖는 독특한 성격을 단적으로 드러내고 있다. 즉 예배당에서 드리게 되는 공예배의 형식과 달리, 가정예배에서는 토의를 통해 상호간에 교류할 수 있는 형식을 취할 수 있는 것이다. 물론 예배당에서 이뤄지는 공예배에서도 특별한 경우에는 회중들과 상호간 교류할 수 있는 방식으로 진행할 수 있지만, 가정예배에서야말로 더욱 원활하게 가족구성원 모두가 상호간 교류할 수 있는 토의의 형태로 예배를 진행할 수가 있는데, 그 실제적 모범이 바로 '교리 문답'이다.

앞서 언급한 가정예배에서의 "성경 교육(교리 교육)과 성경 읽기", 특히 교리 교육은 전통적으로 문답식(catechism)으로 이뤄지는데, 문답이란 것은 자연스럽게 자신의 견해를 밝히는 방식이 아니라 답변할 내용을 암기하여 대답하는 것이다. 웨스트민스터 대교리문답과 소교리문답은 모두 그처럼 암기하여 답변할 수 있도록 작성된 것이다. 오늘날 교리문답을 암기하지 말고 이해하여 자기의 말로 설명할 수 있도록 가르쳐야 한다고 생각하는 교리교사들이 있지만, 교리문답은 우선 답변할 내용을 암기하도록 하는 것이 올바른 취지다. 왜냐하면 암기되지 않은 가운데서는 논리적으로 사고하는 일이 어렵기 때문이다. 마치 영어회화를 위해서는 수많은 단어들과 숙어들을 암기하고 있어야 하듯이, 교리문답의 내용을 바르게 습득하여 사고하기 위해서는 문답을 먼저 암기하여 숙지해야만 하는 것이다. 다만 암기하는데 있어서 최대한 강압적이거나 경직된 분위기가 되지 않도록, 따뜻하고 친근한 분위기를 조성하되, 적당한 긴장감 가운데서 집중하여 암기할 수 있도록 하는 세심한 배려는 충분히 필요하다.

그러나 암기한 문장들이 의미하는 바가 무엇인지 정확하게 이해하고 있는지를 파악하기 위해서는 더욱 세부적인 질문과 답변이 이루어져야 하는데, 가정예배의 구성요소 가운데 "경건한 토의(godly conference)"를 통해 바로 그러한 세부적인 파악이 가능하다. 즉 그 때에 가장은 가족구성원들이 문답에서 요구되는 답변이 나타내는바 의미와 원리들을 올바르게 숙지하고 있는지를 구체적으로 파악해 볼 수가 있으며, 만일에 암기한 답변의 내용에 대해 바르게 이해하지 못하고 있더라도 그것을 보완하여 설명해 줄 수가 있는 것이다. 또한 이 토의 시간은 가족구성원들의 영적인 상태와 문제를 진단할 수 있는 상담의 창구가 될 수도 있다. 특별히 사적으로 대화할 뿐 아니라 가정예배를 통해 공적으로 대화할 때에 오히려 자신의 영적인 문제들을 더욱 효과적으로 드러내 보이는 경우도 있는데, 그럴 때에 가정예배는 더욱 객관적으로 문제점에 대한 대안을 생각해 볼 수 있는 효과적인 기회가 되기도 하는 것이다.

안타깝게도 현대인들의 생활패턴은 이처럼 가정예배를 드리기도 어려울뿐더러, 서로가 마음을 열고 대화하며 신앙의 주제들을 토의하는 일도 거의 어려운 것이 현실이다. 가장들도 업무가 밤에까지 이어지는 경우가 많고, 자녀들의 학업이나 개인적인 일정들도 마찬가지로 밤늦도록 빡빡하게 채워져 있는 경우가 허다한 것이다. 하지만 그런 현실을 빌미로 가정예배를 회피할 것이 아니라, 그런 가운데서도 최대한 가정예배로 모일 수 있도록 각자의 일정을 조정해 나가야 마땅하다. 특별히 공직(a public official)에 있거나 회사를 경영하는 위치(manager or enterprisers)에 있는 신자들이라고 한다면, 자신들이 할 수 있는 범위 내에서 가정예배를 드리는데 방해가 되는 부조리한 제도나 구조들을 정리하는 일에도 헌신하는 것이 올바른 신앙의 자세라 할 것이다.

훈계와 책망

가정예배에서 가장이 감당하는 역할이 목회적이라는 사실은, 가정예배모범이 언급하는 "훈계와 책망"에서 단적으로 드러난다. 아울러 훈계와 책망은 앞에서 다룬 경건한 토의와도 연계되는 구성요소로서, 성경의 바른 교훈에 근거하는 교리 교육과 토의를 통해 파악될 수 있는 가족구성원의 불찰이나 연약함에 대해 자연스럽게 훈계하거나 책망할 수가 있는 것이다. 사실 현대의 목회에서 상당히 연약해져 있는 부분이 바로 훈계와 책망이다. 흔히 이를 가리켜 '권징'(Church Discipline)이라고 하는데, 훈계와 책망 가운데서 이뤄지는 권징의 시행이 사실상 사라져버리다시피 한 것이다. 그러나 권징은 교회의 '표지'(sign or mark)에 속하는 중요한 것으로서, 성경의 진리가 선포되는 것과 함께 이를 실천하도록 하는 중요한 수단이기도 하다. 즉 성경의 진리대로 온전히 실천하지 못하거나 어긋난 신앙과 생활 가운데 있는 신자들을 성경의 진리로 바르게 인도하는 수단이 바로 권징인 것이다. 그러므로 권징이 사라지다시피 한 현대의 개신교회들 가운데서 신앙의 실천이 취약한 것은, 어쩌면 당연한 결과라 하겠다.

이와 관련해서 제2 스위스 신앙고백 제14장은 "사람의 회개와 회심에 대하여" 다루고 있는데, 2항에서 이르기를 "……회개의 복음을 참 믿음으로 받아들일 때, 죄인은 자기 안에 있는 부패와 모든 죄를 하나님의 말씀으로 책망을 받아 즉시 깨닫게 된다."고 했다. 즉 회개와 복음의 교리는 서로 긴밀히 엮여 있어서, 복음 가운데서 받는 깨우침에 따르는 자연스런 것이기 때문이다. 그러므로 2항은 그 시작에서 먼저 이르기를 "우리는 회개를 복음의 말씀과 성령으로 말미암아 깨우침을 받은 죄인이 바른 마음을 회복하는 것이라고 이해한다."고 했다. 아울러 3항에서는 "……그러므로 사도는 충성하는 사역자에게 진리를 거스르는 사람들을 열심을 다하여 가르치도록 명령한다. "혹 하나님이 그들에게 회개함을 주사 진리를 알게 하실까 하며"(딤후 2:25)"라고 했다. 그처럼 회개의 반응은 복음의 진리에 대한 가르침과 깨달음에 따르는 것으로, 가정예배 또한 동일하게 복음으로 훈계하고 책망함으로써 회개하고 자신의 길을 바로잡도록 하는 것이다. 바로 이러한 점에서 가정예배를 인도하는 가장은, 가정의 목회자로서 막중한 책임과 권위를 함께 지닌 목회적인 소명을 인식해야 마땅한 것이다.

여기서 한 가지 훈계와 책망에 있어 유의할 점이 있는데, 그것은 제2 스위스 신앙고백 제14장 3항에 언급하는바 "……이 회개는 하나님께서 거저 주시는 선물이지 우리 힘으로 하는 일이 아니"라는 점이다. 훈계와 책망은 복음을 믿음으로 받아들임으로서 갖게 되는 은혜에 의한 회개를 촉발하는 것이지, 결코 책망하는 사람의 권위와 판단에 의한 것이 아니다. 따라서 가정예배에서 성경 교육을 포함한 성경 읽기와 경건한 토의를 통해 잘못과 죄를 범하는 자에 대해 훈계와 책망을 하는 것은, 철저한 복음사역의 결과인 점에서 여타의 일반적인 훈계나 책망과 근본적인 구별이 있는 것이다. 아울러 그러한 복음사역에 민감하게 반응할 수 있는 개인적인 경건과 신앙이 반드시 필요하기 때문에, 가장은 가족 구성원들이 개인적인 예배를 통해 신앙과 경건의 성숙을 도모하고 있는지를 늘 살펴보고 지도해야 하는 것이다. 결국 복음의 진리를 최대한 믿음으로 깨우치고 받아들이도록 하는 것이야말로 훈계와 책망을 통해 회개와 회심에까지 이르게 되는 방편이 되는 것인데, 그러한 일이 가능하게 되는 것이 바로 개인적인 예배 가운데서 배양된 신앙과 경건으로 말미암는다는 점에서 개인의 신앙이 가족 전체의 신앙과도 연계되는 것이다.

III 거룩한 성경을 해석하는 책임과 임무는 목회 사역의 일부이기 때문에, 하나님과 그의 교회에 의해 정식으로 부르심을 받은 자에게서 그 자리를 뺏을 수 없는 것처럼, 가족 중에 성경을 읽을 수 있는 사람이 있다면 모든 가족들에게 성경이 늘 읽히도록 해야 한다.[37] 아울러 성경을 읽고 토의하는 가운데서(way of conference) 그 말씀에 대해 나눔으로써, 읽고 들은 것들이 실제적인 유익이 될 수 있도록 잘 활용하여야 한다. 예를 들어, 읽은 말씀에서 어떤 죄에 대한 책망이 주어진다면, 모든 가족들이 다 같이 그러한 죄에 대해 조심히 생각해 보고, 그에 주의하도록 해야 한다. 또한 읽은 성경 본문 가운데서 심판의 두려움을 느꼈다면, 가족 가운데 누군가 그와 같은 심판을 불러올 죄를 범했을 때는 그처럼 혹은 그보다 더 심한 심판에 이를 수밖에 없을 것이라는 경고를 미리 받는 유익을 얻을 수가 있을 것이다. 그리고 마지막으로 본문에서 어떤 의무가 요구된다거나 약속 가운데 위로가 주어진다면, 그리스도로 말미암아 명령된 의무들을 수행 할 수 있는 힘을 얻고, 하나님께서 제공하시는 위로를 바라볼 수 있을 것이다. 이러한 모든 일들에 있어 그 책임은 모두 가장에게 있으며, 가족 구성원 누구나 가장에게 질문이나 의문을 제기하여 대답을 들을 수 있어야 한다.

---

37) 이 문구는 아직은 문맹률이 높은 편이었던 당시의 시대상을 반영하는 것으로 보인다. 즉 가족 가운데 성경을 읽을 수 있는 능력을 지닌 사람이 성경을 읽어줌으로써, 글을 모르는 가족 구성원이 있더라도 성경말씀을 듣도록 하라는 것이다. 더군다나 성경이 각 개인에게까지 보급되지도 않았던 시대에, 어쩌면 가정에 오직 한 권이 있었을 것이기에 가장이 대표적으로 성경을 읽고 가르쳐 주는 역할을 수행해야만 했을 것이다.

종교개혁 이전까지 대부분의 신자들이 성경말씀을 접할 수 있는 거의 유일한 기회는 설교자들의 설교가 전부였던 것에 반해, 종교개혁의 시대를 거치면서 점차 성경은 모든 신자들이 읽을 수 있게 되었다. 하지만 신자들이 성경을 읽게 되는 가운데서도 여전히 설교자들의 역할은 중요했는데, 특히 가정예배를 드리는 가운데서 그처럼 "거룩한 성경을 해석하는 책임과 임무"를 수행할 설교자의 역할이 요구되었다.

그러나 가정예배모범 3항은 "거룩한 성경을 해석하는 책임과 임무는 목회 사역의 일부이기 때문에, 하나님과 그의 교회에 의해 정식으로 부르심을 받은 자에게서 그 자리를 뺏을 수 없는"것임을 밝히고 있어서, 비록 가정에서의 예배일지라도 결코 성경을 함부로 해석할 수 없음을 암시하고 있다. 그러므로 "가족 중에 성경을 읽을 수 있는 사람이 있다면 모든 가족들에게 성경이 늘 읽히도록 해야 한다"는 언급은 바로 앞선 언급을 바탕으로 이해해야만 하는 문구인데, 그러한 바탕 가운데서 웨스트민스터 총회와는 별도로 이미 1640년에 잉글랜드 장기의회가 제네바 성경과 『화란 국역 성경』 (Statenvertaling)에 견줄 만한 주석 성경을 편찬하자는 목적으로 『잉글랜드 주석 성경』(English Annotations)이라는 이름으로 출간되어 널리 알려져 있었다.[38] 하지만 일반적으로 더욱 널리 알려진 주석 성경은 1560년에 발행된 『제네바 성경』(Geneva Bible)이었는데, 이 제네바 성경은 날개여백에 여러 보조적인 주석의 내용이 첨부된 것으로서, 이러한 주석 성경들은 가정예배에서 읽히는 성경본문 가운데 난해한 본문을 해석하여 풀어주는 설교자의 역할을 일부 수행하는

---

38) Richard A. Muller 외, 『웨스트민스터 총회의 실천/성경해석과 예배모범』 , 35-6.

중요한 도구로 사용될 수 있었다.

이처럼 가정예배에서 성경을 읽고 배우는데 있어 중요한 도구인 주석 성경의 역할에 대해 리처드 A. 멀러(Richard A. Muller, 전 미국 칼빈 신학교 역사신학 교수)는 이르기를 "공중 예배 설교와 성경 일독이 구원의 말씀을 들어야 하는 인간의 필요를 채워줄 간편하고 유일한 해결책이 될 수 없다. 그래서 주석 성경 편찬 진은 "성경 읽기에 정통하고 일독표를 따라 정해진 분량대로 읽는 이들"을 향해 이집트 내시가 빌립(Philip)에게 던졌던 질문을 추가로 던진다. "읽는 것을 깨닫느냐?"(행 8:30) 이에 돌아오는 대답은 "지도해주는 사람이 없으니 어찌 깨달을 수 있느냐?"(행 8:31)이다. 그렇다면 이러한 문제를 해결해줄 답은 성경 본문의 의미를 찾도록 견실하게 인도해줄 안내자, 즉 주석 성경이다."[39]라고 잘 정리하여 언급했다. 따라서 가정예배에서의 성경읽기와 교육은 단순히 성경을 읽는 것만이 아니라 합법적으로 하나님과 교회의 부르심과 세움을 입은 자들에 의해 해석된, 간단하고도 분명한 성경본문에 대한 주석적 이해가 더해져야만 하는 것이다.

실제적인 성경읽기를 위한 토의의 진행(way of conference)

가정예배모범은 성경본문에 대한 간단하고도 분명한 이해에 따라 토의 가운데 "그 말씀에 대해 나눔으로써, 읽고 들은 것들이 실제적인 유익이 될 수 있도록 잘 활용하여야 한다."고 언급하고 있다. 이미 언급한 것처럼, 가정예배는 공예배의 설교와 같이 불가피하게 일

---

39) 앞의 책, 62-3.

방적인 선포의 성격을 띠지 않으면서 자연스럽게 토의와 대화를 통해 서로 간에 확인과 교정을 이룰 수 있는 피드백(feedback)이 이뤄질 수 있는 장점을 풍성하게 지니고 있다. 물론 현대의 가정에서는 가족구성원들 간에 원활한 대화와 토의가 어려운 것이 현실이지만, 그런 가정일지라도 우선적으로 진전되어야 할 것이 바로 이러한 형태의 가정예배의 회복이라 할 것이다. 어쨌든 분명한 사실은, 가정예배 시에 이뤄질 수 있는 대화와 토의가 성경본문에 대한 바른 이해의 여부를 확인하고 올바른 실천과 적용의 여부까지도 살필 수 있는 주요한 방법이라는 점이다.

그렇다면 가정예배 시에 이뤄질 수 있는 토의의 진행은 구체적으로 어떻게 이뤄지는 것일까? 이와 관련하여 가정예배모범에서는 먼저 "읽은 말씀에서 어떤 죄에 대한 책망이 주어진다면, 모든 가족들이 다 같이 그러한 죄에 대해 조심히 생각해 보고, 그에 주의하도록 해야 한다."고 말하고 있다. 여기서 중요하게 인식해야 하는 것이 바로 "읽고 들은 것들이 실제적인 유익이 될 수 있도록 잘 활용하여야 한다."는 앞선 문구다. 성경읽기와 토의는 단순히 종교적으로 치러지는 예식과 같은 것이 아니라, 실제적인 유익이 되고 실천될 수 있도록 해야 하는 것이라는 점을 깊이 인식하고 있어야 하는 것이다. 바로 이 지점에서 개인예배가 주는 유익이 연계된다. 이미 언급한바 있지만 가정예배가 예배당에서의 공예배를 지향함과 마찬가지로 개인예배 또한 가정에서의 예배를 지향하는 성격이기에, 가정예배가 실제적인 유익이 되고 실천될 수 있도록 하기 위해서 반드시 개인적으로 드리는 예배 가운데서의 신앙과 경건의 습득이 연계되어야 하는 것이다.

그러나 현대의 기독교 신앙에 있어서 취약해져 있는 것은 비단 가정예배만이 아니라 개인예배의 생활이다. 하나님을 영화롭게 하며 영원토록 그를 즐거워하는 신자의 삶이란, 개인으로나 가정으로나 무엇보다 예배당에 함께 모이는 공적인 회중으로서의 교회적인 교제를 지향하는 생활이어야 한다. 하지만 이미 우리들이 살아가는 대부분의 현실들은 그런 신앙과 생활에 정반대로 놓여있다. 그러므로 이제는 개인예배나 가정예배, 심지어 예배당에 모여 드리는 공적인 예배조차도 제대로 실천하기 어려운 경우가 많으며, 따라서 주일에 예배당에서 드리는 단 한 번의 공적인 예배조차도 "읽고 들은 것들이 실제적인 유익이 될 수 있도록 잘 활용"되기가 드문 것이 엄연한 현실이다.

사실 우리가 드리는 예배는 '미사'(missa)와 달리, 예배 때에 읽고 들은 성경말씀이 실제적인 유익이 되지 않는 한 결코 유익이 되지 못한다. 로마가톨릭의 미사행위는 그 예식에 참여하는 것 자체로 유익이 된다고 보지만, 스코틀랜드 장로교회의 예배에 있어서는 성경말씀의 바른 선포와 이해로 인해 비로소 영적 유익이 되는 것이기 때문이다. 바로 그러한 원리 가운데서 교회의 표지(sign or mark)로서 중요하게 대두되는 것이 말씀의 바른 선포인데, 이와 관련하여 스코틀랜드 장로교회가 이미 고백했던 제1 스코틀랜드 신앙고백은 제18조에서 "참된 교회와 거짓 교회를 구별하는 표지와 교리에 대한 바른 판단에 관하여" 언급하기를, "참된 교회의 표지는 우리가 믿고 고백하며 인정하는 대로는 다음과 같다. 첫째로, 하나님께서 우리에게 자신을 계시하신 하나님의 말씀을 선지자와 사도들이 기록한 글들(성경)이 선포하는 그대로 옳게 설교하는 것. 둘째로, 하나님의 말씀과 언약을 우리 마음에 인치시고 확인하시는 그리스도 예수의 성례를 올바르게 집행하는 것. 끝으로, 교회에 해가 되는 것은 억제하고 덕행은 장려하기 위하여 하나님의 말씀이 규정하는 대로 권징을 올바르게 시행하는 것 등이다."[40]라고 언급했다. 즉 참된 교회의 표지인 말씀선포(설교)와 성례, 그리고 권징에 있어서 공통적인 근거와 핵심이 하나님의 말씀인 성경에 있으며, 그런 만큼 예배당에서의 공예배 뿐 아니라 가정예배에서도 말씀의 바른 교육과 이해가 중요하다 하겠다. 따라서 가정예배모범의 문구 가운데에도 "읽은 말씀에서 어떤 죄에 대한 책망이 주어진다면…"이라는 표현을 통해, 죄에 대한 책망이 단순히 인격에 대한 것이 아니라 하나님의 말씀을 대하는 심령에 대한 책망임을 나타내 주고 있는 것이다.

사실 가정에서나 교회에서, 누군가를 책망하는 일은 결코 쉬운 일이 아니다. 현대사회에서는 가정에서의 책망도 결코 쉽게 할 수가 없게 되어 버렸다. 그렇지만 가정예배모범에서는 그 책망의 원인을 "읽은 말씀"에 두고 있어서, 인격 대 인격의 방식으로서가 아니라 하나님의 말씀 대 인격의 방식으로 언급하고 있다. 가정예배의 인도자인 가장은 가족 구성원들의 실제적인 책망의 근거를 따라 책망한다기보다는, 읽고 배운 하나님의 말씀 자체가 가족 구성원의 잘못을 책망할 수 있도록 하는 역할을 수행하도록 권하고 있는 것이다. 바로 이 점에서 가족 구성원 개인의 신앙과 경건이 요구되기 때문에, 가장은 가족 구성원 모두가 개인예배를 잘 드리는지를 반드시 살펴야만 하는 것이다.

계속해서 가정예배모범은 "읽은 성경 본문 가운데서 심판의 두려

---

40) 이러한 표지는 결코 하나님 안에 감춰진 "택자들의 회(會)"인 비가시적인 교회(catholic church)의 표지가 아니라, 가시적인 교회(지역 교회)들의 표지다. 그러므로 이러한 교회의 표지는 가시적으로 드러나 있는 지역 교회들이 반드시 드러내 보여야만 하는 표지이다.

움을 느꼈다면, 가족 가운데 누군가 그와 같은 심판을 불러올 죄를 범했을 때는 그처럼 혹은 그보다 더 심한 심판에 이를 수밖에 없을 것이라는 경고를 미리 받는 유익을 얻을 수가 있을 것이다."라고 말한다. 사실 앞서 살펴본 제1 스코틀랜드 신앙고백 제18조의 "교회에 해가 되는 것은 억제하고 덕행은 장려하기 위하여 하나님의 말씀이 규정하는 대로 권징을 올바르게 시행하는 것"이라는 문장이 가정예배에 적용되는 것이 바로 이 문장이다. 교회의 권징과 마찬가지로 가정예배에서 읽는 성경 본문 가운데서 심판의 두려움을 느끼는 것은 하나님의 말씀을 따라 가정이 올바르게 서도록 하는 중요한 근거이기에, 이러한 두려움 가운데서의 경고는 가정을 올바르게 서도록 하는 데에 큰 유익이 되는 것이다.

그런데 가정에서의 이러한 경고와 그로 말미암은 조치들은 교회의 공적인 예배 가운데서 시행되는 성례에 참여하는 자세, 특히 성찬에 참여하기에 앞서서 자기를 분별함과 긴밀히 연결된다. 스코틀랜드 신앙고백 제23조에서는 "성례에 참여하는 자들"에 관해 언급하는데, 그 가운데서 이르기를 "주의 성찬은 집안사람들 중에 믿음을 가지고 있으며, 그들의 믿음과 이웃에 대한 의무를 두고 자신들을 살필 수 있는 자들만을 위한 것이라고 믿는다. 성례전에서 믿음 없이, 혹은 형제와 화목하려는 호의가 없이 먹고 마시는 자들은 참여할 자격이 없는 사람들이다."[41]라고 한 것에서 단적으로 알 수 있듯이 성

---

41) 제2 스위스 신앙고백 제21장 11항은 또한 "우리는 주의 성찬을 행할 때, 우리가 그의 몸의 지체가 된 것을 기억하고, 그러므로 모든 형제들과 하나가 되며, 거룩한 삶을 살며, 사악한 것이나 이상한 종교에 물들지 말고, 우리의 삶이 끝나는 날까지 참 믿음을 지키면서 더욱더 거룩한 생활을 하기를 힘쓰라는 권면의 말씀을 듣는다. 그러므로 우리가 성찬에 참여할 때마다, 먼저 사도의 명령에 따라, 우리가 어떤 믿음을 가졌는지 우리 자신을 점검하는 것이 옳다." 고 했다.

례에 앞서 자신을 살피고 분별하는 것이 필요한데, 그러한 분별과 살핌이 실제적으로 이뤄질 수 있는 것이 바로 가정예배에서의 말씀에 따른 경고를 통해서임을 알 수가 있는 것이다. 스코틀랜드 신앙고백 제23조에서 덧붙여 진술하는 바와 같이 "교회의 목사들이 주의 성찬에 참여하려고 허락을 받고자[42] 하는 사람들을 공적으로나 사적으로 점검하게 하는"것은 성찬의 올바른 집례에 있어 필수적인 절차인데, 특별히 성찬에 참여하려고 허락을 받고자 하는 사람들을 실질적으로 점검하기 위해서는, 가정예배에서 가장에 의해 나눠지는 말씀 가운데 경고를 받고 분별함이 필요한 것이다.

끝으로 "본문에서 어떤 의무가 요구된다거나 약속 가운데 위로가 주어진다면, 그리스도로 말미암아 명령된 의무들을 수행 할 수 있는 힘을 얻고, 하나님께서 제공하시는 위로를 바라볼 수 있을 것이다."라고 가정예배모범은 기록하고 있는데, 이러한 위로는 앞에서 언급한 책망과 경고가 일차적으로 지향하는 목표라 하겠다. 따라서 말씀 가운데서 책망과 경고를 하는 것은, 그 자체로서 끝나는 것이 아니라 최종적으로는 위로에 이르도록 하는 데에 그 목적이 있는 것이다. 그런데 그처럼 말씀 가운데서 하는 책망과 경고가 최종적으로는 위로의 목적을 달성할 수 있는 것은, 그것이 성경 말씀을 읽고 토의하는 가운데서 얻는 실제적인 유익으로 말미암는 것이라는 사실을 기억해야 한다. 예배 가운데서 이뤄지는 책망과 경고는 철저히 목회적인 것이며 특별히 복음적인 것이기에, 결코 인간적인 방식으로 이뤄질 수 없는 것이다. 이와 관련하여 제1 스코틀랜드 신앙고백

---

42) 이처럼 성찬에 참여하는 것은, 세례를 받은 교회의 회원으로서 갖는 당연한 권리가 아니라 "주의 몸을 분별하지 못하고" 먹고 마심으로써 "자기의 죄를 먹고 마시는 것"(고전 11:29)이 되지 않도록 하는 허락이 전제되는 것이다.

제4조 "약속의 계시에 관하여" 언급한 내용이 분명한 위로를 나타내고 있는데, 제4조에서 이르기를 "사람이 두렵게도 불순종하여 하나님을 멀리하고 있을 때, 하나님은 아담을 다시 찾으시고, 그의 이름을 부르시며, 죄를 책망하시고 선고하셨"음을 밝히고 있다. 그리고는 곧장 이르기를 "마침내 그에게 "여자의 후손은 뱀의 머리를 상하게 할 것이라"는 아주 기쁜 약속을 하셨음을 우리는 믿는다." 고 하여서, 진정한 복음적 위로의 사례를 성경으로 제시해 주고 있다. 그러므로 성경 말씀 가운데서 그리스도로 말미암아 명령된 의무들을 수행하지 않는 자들은 분명한 책망과 경고를 받지만, 마침내 "모든 사람들(율법 아래 있던 신자들)은 그리스도 예수의 기쁜 날을 바라보고 기뻐"하게 되는 것이다.

결국 가정예배모범이 언급하는 것처럼 "읽은 성경 본문 가운데서 심판의 두려움을" 느끼고, "그와 같은 심판을 불러올 죄를 범했을 때는 그처럼 혹은 그보다 더 심한 심판에 이를 수밖에 없을 것이라는 경고를 미리 받"게 될 때에, "그리스도로 말미암아 명령된 의무들을 수행 할 수 있는 힘을 얻고, 하나님께서 제공하시는 위로를 바라볼 수" 있기에, 그런 책망과 경고, 그리고 최종적인 위로가 감정이 아니라 신앙과 겸손한 순종의 경건으로 열매를 맺을 수 있는 것이다.

가정예배에서 가장의 책임과 역할

가정예배모범 3항은 "거룩한 성경을 해석하는 책임과 임무는 목회 사역의 일부"라는 언급으로 시작하는데, 그러한 언급은 사실 "이러한 모든 일들에 있어 그 책임은 모두 가장에게 있으며"라는 언급과 긴밀히 연관된 것이다. 즉 성경과 관련한 목회적 사역을 가정에서 감당하는 가장의 책임에 관해 분명하게 명시하고 있는 것이다. 그러나 이러한 가장의 책임과 임무에 있어 유의하여야 할 것이 있는데, 그것은 자신들이 가정예배에서 감당하는 책임과 임무가 독립적인 목회적 기능을 하는 것이 아니라, 교회의 목회 사역의 일부로서 책임과 임무를 수행(cooperation)하는 것이라는 점이다. 이러한 성격에 관해서는 공적인 예배에 관해 다루는 웨스트민스터 예배모범(1645)의 7항 "주일 성수"에 관한 문구들 가운데 분명히 드러나 있다.

우선 7항에서는 "주일 하루는 공적으로나 사적으로 온전한 그리스도인의 안식일로서 주님을 위해 거룩히 지켜져야 한다."[43]고 했으니, 특히 "사적으로"라는 문구에서 알 수 있듯이 주일 성수는 예배당에서 공적으로만이 아니라, 가정에서 사적으로도 지켜져야 한다고 했다. 그러므로 부연하여 설명하기를 "각 개인과 가족은 자신을 위하여, 목사를 향한 하나님의 도우심을 위하여, 그의 사역에 복이 임하도록 개인 기도를 해야 한다."고 했으며, 아울러 "공적인 엄숙한 모임들 사이사이에 또는 예배 후 비어 있는 시간은 성경을 읽고 묵상하거나 설교를 다시 생각하는 데 시간을 보내도록 한다."고 하여, 개인적으로나 가정에서나 공적인 목회의 직무를 중심으로 주일을 보내도록 권하고 있는 것을 볼 수 있다. 그러므로 이러한 웨스트민스터 예배모범을 따라서 가정예배모범 또한, 거룩한 성경을 해석하는 목회사역에 협력하도록 가장의 책임과 임무를 언급하고 있는 것이다.

---

43) 정장복 역, 『웨스트민스터 예배모범』, 66.

그런데 스코틀랜드의 가정예배모범이 그처럼 교회에서의 공적인 예배와 연계되어 있는 가장의 역할을 언급한 것은, 그것으로 끝나는 것이 아니라 오히려 개인과 가정, 그리고 교회가 신앙에 있어서 일치를 이루도록 하는 데에 더욱 근본적인 목적을 두고 있다. 특별히 가정에서 경건한 토의 중에 "가족 구성원 누구나 가장에게 질문이나 의문을 제기하여 대답을 들을 수 있어야 한다."고 한 것은, 웨스트민스터 예배모범 7항에서 언급한 것처럼 "성경을 읽고 묵상하거나 설교를 다시 생각하는" 가운데서 질문과 대답이 이뤄져야 함을 말하는 것이니, 그렇게 하여 교회와 가정, 그리고 개인의 신앙이 일치를 이룰 수가 있는 것이다.

사실 이러한 일치된 신앙은, 이미 스코틀랜드가 승인해서 사용했었던 제2 스위스 신앙고백 제2장 "성경 해석과 교회 공의회 및 전통"에 관한 문구들 가운데서 반복적으로 언급되어 있는 취지다. 특히 2항에서는 "그러므로 우리는 그리스와 라틴 교부들의 해석을 멸시하지 않으며, 거룩한 것들에 관한 그들의 논쟁과 논문들이 성경에 부합하는 한, 그것들을 내치지 않는다. 그러나 그것들이 성경과는 다르거나 반대되는 견해를 제시한다면, 우리는 겸손히 그것들을 거부할 것이다. 그들이 하나같이 그들 자신의 글들을 정경들, 즉 성경 말씀과 일치하게 맞추려고 하지 않을 경우, 그 글들이 성경과 일치하는지 아니면 이탈했는지 점검하여, 사람들에게 일치한 것은 받아들이고, 일치하지 않는 것은 거부하도록 요구하더라도, 우리가 결코 잘못하는 것은 아니라고 믿는다."고 했으며, 5항에서도 "그와 같이 우리는 인간들의 전통을 거부한다.……성경에 비교하여 성경에 일치하지 않으면, 우리는 그런 전통을 거부한다.……그런 불일치가 그러한 전통이 사도적이 아님을 스스로 드러낸다. 왜냐하면 사도들이 교리 문제를 두고 서로 의견을 달리하지 않았던 바와 같이, 사도들의 제자들도 교리들을 사도들에 반대하여 말하지 않았기 때문이다."라고 하여, 교황권 혹은 공의회의 권위나 전통에 따라 성경 해석의 권위를 부여하는 로마가톨릭의 신앙과 전혀 다른 차원에서의 일치를 추구하는 것이, 제2 스위스 신앙고백을 통해 고백하는 장로교회 신앙의 내용이라는 사실을 잘 나타내 주고 있다. 그러므로 가장은 교회의 사역자가 성경을 올바르게 해석하여 설교하는 데에 근거하여, 가정예배를 통해 가정과 개인이 모두 신앙의 일치를 이루도록 하는 책임과 임무를 가진 사역자인 것이다.

특별히 가정예배에서 가장은, 가족 구성원들 가운데서 질문이나 의문을 제기했을 때에 잘 답변하고 설명할 수 있도록, 그리고 질문하는 자가 충분히 숙지했는지를 파악하고 보완할 수 있는 목회적 책임을 잘 수행함으로써, 지교회의 일치된 신앙고백이 자신의 가정 안에서도 온전한 일치를 이룰 수 있도록 하는 일에 최선을 다할 책임이 있음을 가정예배모범은 분명하게 언급하고 있다. 그러므로 교회의 사역자인 목사는 당회와 더불어 그러한 가장의 역할을 잘 수행할 수 있도록 실질적인 도움(교육)과 지원을 해주어야 한다.

IV 가장은 가족 중 누구도 가족예배의 모든 순서에서 자리를 뜨는 일이 없도록 주의해야 한다. 그리고 가정예배를 적절히 인도하는 일은 가장에게 속한 것이기에 목사는 이를 게을리 하거나 이를 행하기에 부족한 가장을 분발하도록 훈련시켜서 그들이 자신들의 일을 잘 감당할 수 있도록 해줘야 한다. 때로 이 일을 위해 노회의 승인을 받은(approved by the presbytery)목회자를 통해 가족들을 잘 연습시켜 그 가운데서 예배를 인도할 사람을 자유로이 임명할 수도 있다. 아울러 가장이 예배를 인도하기에 부적합할 경우에는 집에 늘 있어 예배에 봉사할 수 있는 사람을 목사와 당회(minister and session)의 승인을 얻어 임명할 수 있는데, 이에 대해 목사와 당회는 노회 앞에 책임을 진다(to be countable to the presbytery). 그리고 만일에 목사가 하나님의 섭리 가운데서 어떤 가정에 가서 예배를 인도하게 되었을 경우에는, 가족 중 일부를 제외하고 나머지 사람들만으로 예배하는 일이 있어서는 안 되며, 다만 (그리스도인의 분별력으로 볼 때에) 가족 모두에게 전할 필요가 없거나 전해서는 안 되는 특별한 경우라면(to be imparted to others) 예외일 것이다.

모든 예배에 있어서 그 모범은 기본적으로 주일예배에서 찾을 수 있다. 주일에 온 회중이 예배당에 모여서 드리는 예배에 대한 자세와 태도가 모든 개인적인, 혹은 가정에서의 예배에도 기본적으로 적용되는 것이다. 그러므로 웨스트민스터 예배모범에서 회중들의 모임과 예배를 위한 자세에 관하여 언급한, "공중 예배를 드리기 위해 회중이 모이면 사람들은 모두 마음의 준비를 하고 예배 장소에 미리 참석한다. 태만이나 사적인 모임으로 인해 공중 의식(예식)에 빠지지 않도록 한다.……예배가 시작되면 회중들은 예배에 전적으로 참석하여 목사가 읽거나 인용하는 것 외에 어떤 것도 읽어서는 안 된다. 사담을 자제하고 소곤거리거나 인사하지 말며 예배에 참석한 다른 성도들에게, 또 들어오는 성도들에게도 경의를 표하지 않도록 한다. 주의를 둘러보거나 졸거나, 목사 혹은 다른 회중을 방해할 소지가 있거나, 예배 중에 자신이나 다른 사람이 하나님께 예배드리는 것을 훼방하는 품위 없는 행동을 해서도 안 된다. 부득이하게 예배에 늦을 때에는 예배당에 들어와서 개인 기도를 하지 말고 경건하게 진행 중인 하나님의 예식에 즉시 참여하도록 한다."고 한 것과 같은 맥락으로, 가족 예배에 있어서도 "가족 중 누구도 가족예배의 모든 순서에서 자리를 뜨는 일이 없도록 주의해야 한다."고 한 것이다.

가정예배를 적절히 인도하는 일은 가장에게 속한 것이다

앞서 3항의 해설에서 간략하게 언급한 것처럼, 가정예배를 적절히 인도하는 일은 가장에게 속한 중요한 책무다. 그러므로 그러한 가장의 책무를 위해 지역교회가 어떤 역할을 수행하는지에 대한 언급을 4항에서 다루어 주고 있다.

그런데 가장의 책무와 관련해서는 그가 가정예배를 통해 감당하게 되는 것이 어떤 의미의 목회적 기능인지에 대한 이해가 먼저 요구되는데, 그것은 목사나 교회, 그리고 노회가 가장의 책무를 위해 관심을 기울이고 지원하는 일이 전적으로 목회적 차원에서 이뤄지는 일이기 때문이다. 이와 관련하여 스코틀랜드 장로교회 총회가 가정예배모범을 작성할 때에 어떤 신학적 맥락과 배경이 작용했는지를 이해할 필요가 있는데, 특별히 웨스트민스터 신앙고백서의 작성에 영향을 끼쳤던 신학자들이 이를 어떻게 다루고 있었는지를 윌리엄 구지(William Gouge, 1575-1653)의 저서 『The Sabbaths Sanctification(London, 1641)』에서 파악해 볼 수가 있다. [44] 무엇보다 구지의 저서에서 다루는 주일에 관한 내용들은 웨스트민스터 총회를 중심으로 하는 실제적인 신앙의 실천이 어떤 것이었는지를 파악하는 데에 주요한데, 특별히 주일을 중심으로 신자들의 신앙이 어떻게 연계되었는지를 원리적으로 파악하는 데에 주요하다. [45]

먼저 구지는 성경에 바탕을 둔 가운데서 "안식일을 거룩하게 하는 방법들"을 제5문답에서부터 42문답에 걸쳐 다루는데, 제5문답에서는 주일의 모든 시간들이 어떻게 거룩하게 될 수 있는지에 관해 "명령되어진 것들을 준수함"(By observing things commanded. 렘 17:22)과 "허락되어진 것들을 준수함"(By observing things permitted. 출 12:16)으로 각각 분류하여 설명한다. 여기서 "명령되어진 것들"이란 성경에 언급된 대로 반드시 수행해야만 하는 의무들을 말하며, 제6문답에서는 그러한 의무들의 개요들을 다루면서 눅

---

44) 윌리엄 구지의 신학에 관해서는 W. Gouge, 김성봉 편역 『주일을 거룩하게』, (서울: 도서출판 나눔과 섬김, 2003), 44-64를 참조하여 정리한 것이다.

45) 김성봉은 "트위스나 워커의 내용이 보다 원론적인데 비해 구지의 내용은 보다 실제적"(p.9.)이라면서 "주일 문제와 관련해서는 우리 신앙의 전통을 칼빈에게서 찾을 뿐만 아니라, 칼빈 이후의 청교도들에게서 찾는 것이 옳다……영국 종교개혁의 핵심 내용은 이미 존 후커(John Hooker, 1495-1555)까지 오면 거의 정리된다고 볼 수 있는데, 이미 틴데일(William Tyndale, 1484-1536)에 의해서 성경의 권위와 충분성, 반펠라기우스주의에 반한 은혜의 교리, 장로와 주교의 성경적 동일성, 단순한 성경적 예배 형태, 성만찬론이 정립되었다. 이 같은 틴데일의 종교개혁적인 가르침은 존 후커에 의하여 거의 변치 않고 발전하는데, 안식일 준수와 관계하여서는 이들에게서 그 중요한 지침을 찾는 것이 정당하다고 생각한다."고 말한다.

4:16절에 기록된 주님의 본(안식일에 늘 하시던 대로 회당에 들어가사 성경을 읽으신 것)에 근거하여 "경건의 의무"(Duties of Piety)를 언급 하는데, 이 경건의 의무에 관해 제7문답에서 "공적인 일"(Publick. 행 15:21), "사적인 일"(Private. 행 16:13), "은밀한 일"(Secret. 막 1:35)로 각각 분류하고 있다. 아울러 "명령되어진 의무"인 "경건의 의무" 가운데 "공적인 일"[46)]이란 교회 안에서 목사, 회중, 목사 와 회중 모두에 의해 행해지는 것으로서, 특별히 목사에 의해 행해지는바 "1. 말씀을 읽는 것(행 13:27; 골 4:16), 2. 그 말씀을 설교하는 것(눅 4:20, 21; 행 13:15), 3. 기도하고 찬양하는 것(고전 14:15, 16; 느 8:6, 9:5, 6), 4. 성례의 집례(마 28:19: 26:26; 행 20:11), 5. 성도들을 위해 복을 빎(민 6:23)"[47)]등이 교회(예배당)에서 행해지는데 반해, 회중에 의해 행해지는바 "1. 읽고 설교되는 말씀을 경청하는 것(행 10:33), 2. 기도와 찬양에 동의하는 것(고전 14:16), 3. 성례에 참여하는 것(마 3:6; 고전 12:13), 4. 듣는 모든 것에 "아멘"으로 답하는 것(느 8:6)"[48)]등의 사적인 일은 "가정에서, 혹은 다른 사적인 장소에서"[49)]행하는 의무라고 했다. 이는 또한 "개인의 경건의 의무"(private duties of Piety)에 대해서도 마찬가지여서, "1. 하나님의 말씀을 읽는 것(딤전 4:13), 2. 기도와 하나님을 찬양하는 것(행 16:13), 3. 교리 문답을 공부하는 것(신 6:7), 4. 설교를 다시 살피는 것(행 17:11), 5. 거룩한 토의(눅 24:14). 시편을 노래하는 것(행 16:25; 약 5:13)"[50)]이 포함되는데, 이를 통해 알 수 있듯이 교회에서

---

46) 제8문답, 제9문답.
47) 제10문답.
48) 제11문답.
49) 제13문답.
50) 제14문답.

목사에 의해 수행되는 공적인 경건의 의무가 마찬가지의 목회적 내용들로 가정과 개인에게까지 연계되어 있는 것이 바로 구지와 가정 예배모범 모두의 공통적인 패턴임을 알 수가 있다.[51)]

한편 구지는 제14문답에서 이러한 사적인 경건의 의무들에 관해 나열한 뒤, 이에 대해 설명하기를 "이러한 의무들을 이행할 때, 그들 중에 능력(이를 인도할 능력)이 있는 사람은 과거에도 그러했던 것처럼, 다른 모인 자들의 입이 되어서 하나님의 말씀을 읽고, 하나님께 기도하고 하나님을 찬양하며, 교리 문답을 행하고, 설교를 반복함으로서 기독교의 기초를 가르친다. 가능하다면 가정의 가장(governour of the family)이 이러한 의무를 행하는 것이 가장 적합하다."고 했다. 특별히 제9문답에서 "목사는 그가 서 있는 예배처소(roome)에서 사람들(회중)을 향한 하나님의 입이다. 그리고 그런 이유로 인해 그는 하나님께서 그의 사람들에게 하고자 하시는 하나님의 말씀을 선포한다. 또한 목사는 사람들의 마음을 하나님께 알리는 하나님을 향한 사람들의 입이다. 이는 하나님의 질서를 목적으로 하는 것으로서, 만일에 모든 자들이 각각 자신들의 마음 가운데서 한꺼번에 기도한다면, 각자의 소리들로 인해, 큰 혼란이 초래되지 않겠는가?"라고 하여서, 제14문답에서 말한 가장의 역할이 목사가 교회에서 공적으로 감당하는 경건의 의무와 상당히 유사한 맥락이라는 것을 확인할 수가 있다. 이처럼 가정에서 가장의 역할은 목회적인 것이기에, 가정예배모범 4항에서도 이를 중시하여 "가정예배를

---

51) 이러한 패턴에 대해 구지는 제14문답에서 설명하기를 "교회로 가기 전에, 그런 경건의 의무들을 수행함으로서 우리는 공적인 예배에 적절하게 된다. 아울러 교회에 다녀온 후에, 그런 사적인 의무를 수행함으로서 공적인 의무들이 더욱 우리에게 유익이 된다."고 했다. 앞의 책, 60.

적절히 인도하는 일은 가장에게 속한 것이기에 목사는 이를 게을리하거나 이를 행하기에 부족한 가장을 분발하도록 훈련시켜서 그들이 자신들의 일을 잘 감당할 수 있도록 해줘야 한다."고 한 것이다.

가정예배를 인도하는 가장을 위한 목회적 돌봄

구지는 그의 교리문답 제13문에서 "어디서 사적인 경건의 의무를 행하는가?"에 관하여 설명하기를, "동일한 마음과 경건한 마음을 가지고 행하는 그러한 사적인 모임들에 의해서 그리스도인들은 서로서로 부드러운 위로를 받고, 상호간에 성장이 이루어진다. 그리고 그것에 의하여 공적인 의무에서의 유익과 능력이 더욱 증진된다."[52]고 하여, 그처럼 사적인 의무를 행하는 것이 얼마나 중요하며, 특별히 공적인 경건의 의무(공예배)에 얼마나 직결되는 것인지를 언급한다. 또한 제14문에서도 "이러한 사적인 의무의 정당하고 충실한 이행에 의하여, 개인의 집은 하나님의 교회가 된다."[53]고 했으며, 특히 "이러한 사적인 의무에 의해 우리가 교회(예배당)에 없는 그 때에도 거룩해진다."고 하여, 사적인 경건의 의무가 얼마나 신자들의 경건과 거룩에 직결되어 있는지를 단적으로 언급했다. 그러므로 목사와 교회(지교회의 당회)는 반드시 그러한 사적인 경건의 의무를 잘 이행하는지를 확인하고 격려할 수 있는 가장의 역할을 위한 목회적 돌봄을 실천해야만 하는 것이다.

오늘날 우리 사회에서 개신교 신앙에 대한 자성의 목소리 가운데

---

52) 앞의 책, 58.
53) 앞의 책, 60.

에는 예배당을 떠나서는 거룩함도 경건도 실천되지 않는 신앙 현실에 대한 비판의 소리들이 있는데, 아울러 그렇게 된 원인을 전통적인 칭의론(오직 믿음으로 말미암는 구원과 의롭다 칭함에 대한 교리)으로 돌리는 것을 볼 수 있지만, 정작 웨스트민스터 총회와 그 배경이 된 스코틀랜드 장로교회와 잉글랜드 교회의 신앙 가운데서는 훨씬 엄밀한 칭의론 가운데서도 사적인 경건의 의무를 강조함으로써 예배당을 떠나서도 거룩함과 경건의 의무가 소홀히 되지 않도록 적극적이고도 실제적인 관심을 기울이고자 했었던 것을 가정예배모범에서 단적으로 확인할 수가 있다. 특별히 칭의론에 대해 비판적인 현대적 관점에서는 주로 개인적인 신앙과 윤리적 실천을 강조함으로서 거룩함과 경건의 의무가 실현될 수 있을 것으로 보는 것과 달리, 웨스트민스터 총회와 17세기 스코틀랜드 등에 있었던 장로교회들 가운데서는 훨씬 엄밀한 신학과 더불어 개인의 경건이 유기적으로 가정과 교회에 연계되도록 하는 구체적인 목회의 틀을 확고히 제시하고 있음을 볼 수 있다. 이를 위해 가정예배모범은 "목사는 이를 게을리 하거나 이를 행하기에 부족한 가장을 분발하도록 훈련시켜서 그들이 자신들의 일을 잘 감당할 수 있도록 해줘야 한다."고 아주 구체적으로 언급하고 있는데, "때로 이 일을 위해 노회의 승인을 받은 목회자를 통해 가족들을 잘 연습시켜 그 가운데서 예배를 인도할 사람을 자유로이 임명할 수도 있다."고 명시하고 있다. 마치 장로교회 정치원리에서 사고가 있는 지교회(흔히 '사고 교회'라고 말하는)나 담임목사가 공석인 지교회에 노회가 임시 당회장으로 목사를 파송하는 것과 마찬가지로, 가정에도 예배를 인도할 사람을 세우기 위해 임시로 목회자가 가정예배를 인도할 수 있도록 한 것이다.

그러나 일반적으로 각 가정에서 가장이 가정예배를 인도하는 역할을 분명하게 수행하고 있는 경우라면, 제6항에서 언급한 바와 같이 "……다른 사람들을 참여시킬 필요는 없다."는 것이 가정예배모범이 권장하는 바다. 마치 장로교단에서 노회를 비롯한 상회(上會)가 지교회를 함부로 간섭할 수 없는 것과 마찬가지로, 일반적인 상황의 가정에서 목회적 기능을 함으로써 건전하고 올바르게 가정예배를 인도하는 가장의 역할을 함부로 침해하지 않도록 해야만 하는 것이다. 따라서 장로교회가 얼마나 가장의 목회적 기능을 존중하고 세심하게 살피는지 이를 통해서도 입증된다 하겠다. 바로 그러한 배경 가운데서 가정예배모범 제4항은 "……이에 대해 목사와 당회는 노회 앞에 책임을 진다."고 하여, 결코 가정예배를 인도하는 자를 세울 때에 부주의하게 조치할 것이 아님을 분명하게 언급함으로써 노회 앞에 책임을 지도록 명시하고 있다.

한편, 가정예배모범 제4항에서는 "……가장이 예배를 인도하기에 부적합할 경우에" 이를 대신할 사람을 훈련하여 세울 때에 "집에 늘 있어 예배에 봉사할 수 있는 사람"을 임명하도록 하고 있다. 이는 가정예배를 인도할 사람을 세우기에 앞서서 "노회의 승인을 받은(approved by the presbytery)목회자를 통해" 이뤄지는 훈련과도 연계되는 내용으로, 그처럼 노회의 승인을 받아 파견된 목회자라도 가정에서 정기적으로 가정예배를 인도하며 목회적 기능을 감당할 자를 존중하는 의미가 담겨 있다 하겠다. 아울러 "만일에 목사가 하나님의 섭리 가운데서 어떤 가정에 가서 예배를 인도하게 되었을 경우에는, 가족 중 일부를 제외하고 나머지 사람들만으로 예배하는 일이 있어서는 안 된다"고 하여, 가정에서 이뤄지는 예배라도 그 기본적인 성격이 공적(온 가족이 함께 하는)이라는 사실을 명백히 하고 있다. 구지가 그의 교리문답 제14문에서 "이러한 사적인 의무의 정당하고 충실한 이행에 의하여, 개인의 집은 하나님의 교회가 된다."[54]고 한 것처럼, 가정예배모범은 가정예배를 가장 작은 단위의 공적인 예배[55]로서 이해하고 있는 것이다. 그러므로 가정에서의 예배라도 예배 자체에 대해서는 항상 공적 예배로서의 의식이 필요하다.

---

54) 앞의 책, 60.
55) 물론 가정예배의 경우는, 교회를 통해서 이뤄지는 공적인 예배의 경우보다 훨씬 유동성과 자유로움이 있다. 단적으로 가정예배를 인도할 가장의 임명에 있어서 특정한 조건을 달지 않고, 다만 "집에 늘 있어 예배에 봉사할 수 있는 사람"이라는 단서만 달아 두어서, 경우에 따라서는 여성이라도 가장의 역할을 수행할 수 있도록 한 것으로 볼 수 있다. 이는 교회에서 예배를 인도하고 말씀을 인도하는 자에 대해 반드시 남성으로 제한하고 있었던 것과는 사뭇 대비가 되는 부분이라 하겠다.

잃어버린 보물, "가정예배"

임경근 목사

『교리와 함께 하는 365 가정예배』 (세움북스) 저자

2015년 발표된 통계에 의하면 장로교회(통합) 전체 8,383개 교회 가운데 대략 50% 정도가 주일학교를 운영하지 않는다고 하는데, 영아부가 없는 교회도 무려 78%나 된다고 하니 문제가 심각하다. 또한 같은 해 부산 성시화운동본부가 자체적으로 실시한 전수 조사에서 무려 2/3의 교회가 주일학교를 운영하지 않고 있다고 파악되었다고 한다. 사회 전체적으로 저출산 문제가 심각함을 감안하더라도 교회 내에서 다음 세대가 차지하는 비중이 줄어드는 것은 상당히 심각한 수준임을 알 수 있다. 이에 교회는 '큰일 났다'고 아우성을 치지만, 현안에 급급한 나머지 해결 방안을 찾지 못하고 속수무책 당하고만 있다.

그렇다면 문제의 원인은 무엇일까? 이 문제를 해결할 대책은 없는 것일까? 어디서부터 문제를 해결해야 할까? 땜질식 처방이 아니라, 근본적인 대책은 없는 것일까? 이 글에서는 잃어버린 보물인, "가정예배의 회복"을 통해 이 문제를 해결할 수 있는 방안을 제시하려 한다. '가정예배'야말로 교회의 다음 세대를 신앙으로 훈련하고 교육하여 교회 쇠퇴의 물길을 되돌릴 수 있는 좋은 방법이기 때문이다.

불행하게도 한국 교회에는 아직 가정예배가 제대로 정착되어 있지 않다. 가정예배란 열심 있는 목사나 장로 혹은 권사 가정에서나 하는 것이지, 일반 성도들은 가정예배를 반드시 해야 한다고 생각하지 않는 것이다. 그러다보니 매일 온 가족이 같은 시간과 장소에 모여 성경을 읽고 찬송하고 기도하며 가정예배를 하는 가정을 발견하기가 극히 어렵다. 그러나 웨스트민스터 예배지침에 보면 기도회 가운데 '수요, 새벽, 금요 기도회' 다음으로 '가정 기도회'에 대해 이렇게 정의하고 있다. "가정 기도회는 신자의 당연한 의무이므로 가정마다 행할 것이니 매일 성경을 읽고, 기도하며, 찬송함으로 행할 것이다."(제30조 4항) 여기에서 주목할 것은 "가정 기도회는 신자의 당연한 의무"라는 것과 "가정마다 행할 것이니 매일......행할 것이다"라고 선언하고 있다는 점이다. 즉 가정예배는 선택 사항이 아니라 필수인 것이다.

가정예배의 역사적 정통성

본래 가정예배는 가정에서 아버지가 영적인 지도자로서 하나님의 말씀을 읽고 암송하며 가르치는 중요한 시간으로 1세기교회에도 이미 존재했었다. 그러다가 중세 천년의 기간을 지나는 가운데서 사라져버리고 말았다. 중세교회는 성도들의 가정과 가장보다는 로마 가톨릭교회와 성직자를 더 중요하게 여겼던 것이다. 그러므로 신앙의 우위는 결혼하여 가정을 이룬 가장의 신앙이 아니라 평생 독신으로 지내는 성직자가 우월한 것으로 여겼다. 신앙생활은 교회당에서의 예배로서만 이뤄지고 가정에서의 예배는 사라져 버렸다. 심지어 교회당에서도 가정 단위의 신앙생활은 불필요한 것이 되어 버렸다. 회중은 남녀가 각각 다른 자리에 앉았을 뿐 아니라 어린 아이와 노인이 앉는 자리도 따로 정해져 있었으며, 아이들을 데리고 온 어머니는 별도의 장소에 자리해야만 했다. 가족이 영적으로 하나의 공동체라는 의식 자체가 아예 없었던 것이다.

그러나 16세기 종교개혁운동으로 인해 가정의 소중함을 회복할 수 있었다. 개혁자들은 가정의 중요성을 잘 알고 있었기 때문이다. 뿐만 아니라 성직자로서 독신 서약을 깨고 결혼하여 자녀를 낳음으로 결혼과 가정의 소중함을 몸으로 실천해 보이기까지 했다. 또한 그들은 자녀에게 신앙을 가르치기 위해 수많은 요리문답 교재를 만들어 사용하며 널리 보급되도록 했다. 그러므로 종교개혁의 신앙을 따르는 교회들은 모두 가정예배를 강조하며 실천했었다. 심지어 프랑스와 네덜란드 개신교회는 하루에 세 번 가정예배를 드리는 전통이 있었는데, 각각 아침, 점심, 저녁 식사 후에 성경을 읽고 찬송과 기도를 하면서 가정예배를 시행했었고, 지금도 그 전통이 일부 계승되어 오고 있다. 또한 스코틀랜드에서는 아침과 저녁 식사 시간을 이용해 가정예배를 하루에 두 번, 각 식사 전에 하는 것이 관례였다. 그러므로 17세기 웨스트민스터 신앙고백 21장 6절은 가정예배의 중요성을 "……그러나 매일 가정에서……하나님을 예배해야 한다"고 명시하고 있다. 뿐만 아니라 스코틀랜드 총회는 1647년 웨스트민스터 표준문서를 채택하기에 앞서 "가정예배모범"(A Directory of the Family Worship)을 먼저 채택했다. 아울러 모든 교인이 가정에서 아버지(가장)의 인도로 가정예배를 시행해야 함을 공표했다. 만약 가정예배를 하지 않는 가정이 있다면 장로와 목사가 심방을 하여 권면

하고, 그 후에도 실행에 옮기지 않으면 엄중히 경고하고 권징하도록
했다. 아마도 그 정도로 가정예배의 중요성을 강조한 교회의 결정과
조치는 스코틀랜드 가정예배모범 외에는 없을 것이다.

바로 그러한 스코틀랜드 장로교회의 귀한 전통은 멀리 미국에까지
전해졌다. 초기 미국에 이민 온 청교도들은 가정예배의 소중함을 알
고 실천에 옮겼으니, 가정예배는 주일을 제외한 평일, 곧 6일 동안의
세상 삶 가운데 신앙을 보존하며 지켜주고 자녀를 신앙으로 교육하
고 훈육하는 귀한 시간이었다. 그러므로 아직도 가정예배의 전통을
고수하고 있는 교회들이 상당히 존재하는데, 네덜란드 개혁교회와
보수적인 장로교회가 대표적이다. 그들은 가정예배를 통해 얻는 유
익과 기쁨을 여전히 누리고 있는 것이다.

네덜란드 개혁교회의 가정예배

감사하게도 나에게는 유학시절이었던 1994-2001년에 네덜란드 개
혁교회가 보존하고 있는 가정예배의 현장을 생생히 보고 배울 수 있
는 기회가 있었다. 네덜란드 개혁교회 성도들은 각 가정에서 지금도
여전히 매일마다 세 번씩 가정예배를 드린다. 당시 일 년에 겨우 한
두 번 가정예배를 드렸었던 필자에게는 그야말로 충격이었다.

그들은 주로 식사 시간에 가정예배를 시행한다. 이는 일종의 '가
족 경건회'로서, 식사 시간에 음식이 차려지면 온 가족이 식탁에 둘
러앉는다. 그리고는 아버지의 감사 기도로 식사를 시작한다. 또한
어머니가 준비한 음식을 아버지가 나눠주는데, 그 모습에서 가장으
로서의 아버지의 권위와 책임이 묻어난다. 그리고 식사가 끝나면 간

단히 식탁을 정리한 후 그 자리에서 곧바로 온 가족이 성경을 펼친다. 아버지가 정해진 분량만큼 성경을 읽으면 나머지 가족들은 가장의 입을 통해 전해지는 하나님의 말씀을 경청한다. 여기에서 아버지의 영적 권위가 생생히 느껴진다. 성경을 읽은 후에 아버지는 자녀들이 잘 이해했는지 질문을 하는데, 아이들은 그것이 이미 익숙하여 보통은 즐겁게 답변한다. 그러고 나면 읽은 말씀과 관련하여 간단한 적용을 위한 대화를 한 후 찬송을 한 곡 부르고 아버지가 기도하면 가정예배가 끝이 난다. 이처럼 가정예배를 식사와 연이어 시행함으로써 "육의 양식"뿐 아니라 "영의 양식"을 먹는 것의 의미를 생생하게 경험하게 된다. 때문에 가정예배가 하루에 세 번, 식사 시간마다 행해지는 것이다. 독특한 것은 소위 '설교' 혹은 '잔소리'가 전혀 없다는 점이다. 하나님의 말씀인 성경본문을 읽는 것을 듣는 것으로 충분하고, 혹시 성경 본문의 뜻이 애매하거나 아이들에게 어려울 경우에만 간단히 설명을 하곤 한다. 또한 말씀에 근거해 간단한 교훈의 말을 하기도 하는데, 큰 아이들이 있을 경우에 삶에 적용되는 대화를 하다보면 가정예배 시간이 종종 길어지기도 한다. 그러나 그런 여유 있는 시간은 대체로 저녁 시간이나 주말에 이뤄진다.

그러나 우리 한국 사회는 온 가족 구성원이 함께 모이는 것 자체가 거의 불가능한 실정이다. 하지만 그렇다 하더라도 그런 시간을 전혀 확보할 수 없는 것은 아닐 것이다. 가정에 따라서는 아침 일찍 일어나(새벽 기도처럼) 가족이 함께 경건의 시간을 가질 수도 있고, 혹 그렇게 하기 어려운 경우에는 저녁 시간을 얼마든지 이용할 수 있다. 사실 중요한 것은 이를 언제 시행하느냐가 아니라 어떻게 하든 매일 하나님 앞에 온 가족이 함께 둘러앉아 말씀을 듣기로 약속하여 행하는 데에 있다. 만일 우리가정이 드리는 가정예배 모습이 궁금하다면 필자가 운영하는 카페(http://cafe.daum/family-worship/cnpH/14)에서 동영상으로 볼 수 있다.

가정예배 활성화를 위한 구체적인 방안

한국의 수많은 교회들은 지금 중세 교회가 그랬던 것처럼 가정의 소중함과 가정예배의 가치를 인식하지 못하고 있다. 잃어버린 보물인 가정예배를 다시 되찾아야 할 개혁의 과제를 안고 있는 것이다.

이를 위해 가장 먼저 목회자들의 가정이 가정예배를 실천해야 한다. 가정예배는 일반 성도들도 마땅히 실천해야 할 특권이고 의무이지만, 특별히 영적인 지도자인 목사가 그 중요성을 알고 실천해야만 교인들도 이에 동참할 수가 있다. 담임 목사가 가정예배를 시행하지 않는데 성도에게 가정예배를 드리도록 강조하기는 어렵기 때문이다. 만약 담임 목사가 가정예배를 실천하며 그 놀라운 은혜를 경험한다면, 당연히 교인들에게 추천하고 권면하게 될 것이다. 필자는 이런 저런 계기로 가정예배에 관해 설교를 하거나 강의를 하게 될 기회가 있는데, 그럴 때마다 마음에 가장 부담이 되는 분이 바로 부름을 받고서 찾아간 교회의 담임 목사다. 그 교회의 담임 목사가 가정예배를 시행하지 않는 것은 아닐지, 여간 부담스럽기 그지없는 경우가 종종 있는 것이다. 그러나 어떤 교회에서 가정예배 특강을 하고 돌아온 지 한 달이 지나 그 교회의 목사님으로부터 "저희 집이 가정예배의 은혜를 누리고 있습니다. 정말 감사합니다."라는 전화를 받았을 때에 필자는 너무나도 기뻤던 기억도 있다. 왜냐하면 그 목사의 가정이 끼치는 영향이 온 교회 성도들의 가정에도 곧 미치게 될 것이 자명했기 때문이다.

두 번째로 목회의 패러다임을 교회 중심에서 가정 중심으로 바꿔야 한다. 한국교회의 목회는 지나치게 교회 중심적(church centered)이다. 교회에 모여서 시행하는 예배의 종류도 너무 많아 그야말로 예배의 홍수 속에 살고 있다. 그 외에도 소그룹으로 모이는 구역모임이나 다락방, 심지어 가정교회의 목장모임 같은 것까지 온통 모임들로 가득하다. 그런 모임들이 활성화되면 될수록 가정의 기능은 더 약해질 것이 자명하다. 그러므로 교회당에서의 모임들은 좀 줄이고, 각 가정에서의 신앙 교육과 활동의 영역을 더 넓히는 목회 패러다임의 전환이 필요하다. 사실 누구보다 교회 일로 바빠서 가정에서의 신앙생활을 책임 있게 감당하지 못하는 사람이 목사들인 경우가 많다. 농담처럼 "바쁜 목사, 나쁜 목사"라고 말하곤 하지만, 그러한 현실이 바뀔 기미는 아직 없는 것 같다. 지금이라도 목회의 패러다임을 교회당을 중심으로 하는 것에서 가정을 중심(family centered)으로 하도록 바꾸는 대대적인 수술이 필요하다. 이미 신앙에 있어 가장 기본이 되는 가정예배가 실종된 한국교회는 이를 위한 새로운 변화를 모색해야 할 때가 되었다.

끝으로 가정이 튼튼해야 교회가 성장한다는 사실을 깨달아야 한다. 현대 교회는 전도의 효과는 미미하고 자라나는 다음 세대들은 교회를 떠나는 이중고를 겪고 있다. 이를 위해 수많은 방법들을 시도해보았지만 아직까지 백약이 무효한 실정이다. 하지만 이럴 때일수록 기본에 충실해야 한다. 무너진 가정에서의 신앙을 세우는 일부터 시작해야 하는 것이다. 지금까지 교회들은 밀려드는 성도들을 관리하기에 급급했는데, 그러다보니 가정에서의 신앙생활과 그 면면을 실제적으로 돌볼 겨를이 없었다. 그러므로 이제 해체된 가정의 모습을 다시 일으켜 세울 새로운 종교개혁이 절실히 필요하다. 모든 가정이 가정예배를 잘 드리게 되면 온 가족들이 하나님 앞에 바로 서게 될 것이고, 온 가족들이 바른 신앙으로 견고히 서면 그 때에 비로소 교회도 견고하게 세워질 것이다. 무엇보다 가정예배를 통해 가정을 영적으로 잘 다스릴 줄 아는 아버지는 교회의 좋은 직분자로 섬길 수 있다. "사람이 자기 집을 다스릴 줄 알지 못하면 어찌 하나님의 교회를 돌아 보리요."(딤전 3:5)라는 말씀이 정확히 맞아 떨어지는 것이다. 이처럼 가정예배는 신앙교육과 훈련을 통해 가족 구성원의 정서적 안정을 도모하게 하고 그것은 결국 교회에 유익이 되니, 이처럼 가정예배를 드리는 것이 교회를 세우는 주춧돌 역할을 하게 될 것이다.

나가며

우리 사회가 산업화되고 도시화되면서 가족들이 따로 떨어져 사는 것이 자연스러운 세상이 되었다. 더구나 온 가족이 함께 만나는 시간을 만들기조차 어렵게 되었다. 이러한 상황들로 인해 부모와 자녀들, 형제간의 우애가 형성되기가 매우 어려운 것이 현실이다. 더구나 그런 형편들로 인해 가족 간의 반목과 갈등도 점점 심각해지고 있다. 가장 긴밀해야 할 관계에서조차 시기와 질투로 말미암는 싸움이 흔히 일어난다.

사실 가족 간의 우애와 화목은 저절로 생기지 않는다. 가족 간의 화목은 가정예배를 통해 가장 실질적으로 형성할 수가 있다. 가정 예배를 통한 신앙교육과 훈련은 가족이라는 건물을 튼튼하게 짓는 것과 같기 때문이다. 가정예배는 아버지를 더욱 아버지답게, 남편을 더욱 남편답게, 아들을 더욱 아들답게, 딸을 더욱 딸답게 만들 것이다. 그러므로 가정예배보다 더 강력하게 가족을 결속시키고 사랑을 느끼게 해 주는 화합의 끈은 없다. 삼각뿔의 원리와 같이 온 가족이 하나님에게 가까이 가면 갈수록 가족 간의 관계 또한 더 가까워지고, 가정예배를 통해 가정은 천국으로 변하게 될 것이다. 더 나아가 가정예배는 교회를 튼튼하게 하고 굳건하게 세우는 기초와 같은 역할을 하게 될 것이다. 현재 한국 교회가 마치 중세 시대를 보는 것 같다는 현실인식에 동의한다면, 종교 개혁자들의 가정들마다 경건과 회복을 위해 온 가족이 말씀의 초장으로 나아가도록 했던 잃어버린 보물인 가정예배를 다시 회복하지 않겠는가?

> **V** 특별한 부르심(particular calling)을 받지 못한 자나, 방황 가운데 있는 자(vagrant person)가 가정에 들어와 가정예배를 인도하는 일이 없어야 한다. 그런 자들은 오류를 가지고 있어 분열을 일으킬 수 있으며, 오히려 그러한 것으로 어리석고 불안정한 영혼들을 타락하게 만들 수 있다.

스코틀랜드 장로교회 총회가 채택한 가정예배모범의 중요한 특징 가운데 하나는, 그것이 장로교회의 정치원리에 근거해 작성되어 있다는 점이다. 즉 제4항에서 언급한 바와 같이 가정예배를 인도하는 일은 일반적으로 "가장"(head of the family)에게 속한 것이지만, 교회(지역 교회)와 전적으로 독립된 것이 아니므로, 게으르거나 약한 가장을 훈련시켜 그 책무를 잘 감당하도록 목사와 교회가 지도해야 하며, 심지어 이에 대해 목사와 교회가 노회 앞에 책임을 지기까지 하도록 한 것이다. 이처럼 가정예배모범에서는 가정예배를 사적인 경건과 신앙에 관련되는 것으로만 이해하지 않고, 오히려 공적인 경건과 신앙에 관련된 목회적 책무를 수행하는 것으로 이해하고 있다. 따라서 그러한 공적인 인도자로서 가장은 단순히 자연적인 질서로서만이 아니라, 더욱 특별한 부르심(소명)으로 가정예배를 인도하는 책무를 수행해야 하는 것을 제5항에서 다루고 있다.

특별한 부르심(공적 소명)

가정예배에 있어서 (공적인) 부르심이란, 단순히 자연적인 질서를
언급하는 것이 아니기에, 교회의 통상 직원들(Ordinary Ministers)에
대한 소명과 연관하여 이해할 필요가 있다. 가정예배모범에서는 가
정에서의 예배일지라도, 그 인도자를 가정에서 사적으로 세우도록
하지 않고 오히려 공적인 방식으로 세움을 입도록 했기 때문이다.
그런데 교회의 통상 직원들에 대한 소명은, "국가 교회"(State
Church)를 지향하는 잉글랜드 교회의 그것과는 다르면서도 교회와
국가(정부) 사이의 긴밀한 관계를 설정하는 스코틀랜드 장로교회들
의 독특한 특성을 이해해야만 한다. 왜냐하면 그러한 구별이 제대로
되지 않을 때에 자칫 스코틀랜드와 잉글랜드, 그리고 아일랜드가 모
두 유럽 대륙과는 다른 국가 교회적인 에라스투스주의(Erastianism)
를 추구했다고 오해할 수가 있기 때문이다. [56] 그러나 그렇게 된 것
은 총회에 참석했었던 독립 교회파들이 군대 내에서의 영향력을 잃
어버리게 될 것을 염려하여 하원의원인 바인(Sir Henry Vane, 1613-
1662)과 크롬웰(Oliver Cromwell, 1599-1658)의 정치적 책략에 깊숙
이 개입한 결과로서, 그러한 책략에 가담한 대표적 인물이 바로 독
립 교회파인 필립 나이(Philip Nye, 1595-1672)이다. [57]
  기본적으로 에라스투스주의는 교회도 국가에 소속된 하위의 조직

---

56) 실제로 로이드존스(D. M Lloyd-Jones, 1899-1981)는 웨스트민스터 청교도 연구회(Puritan
and Westminster Conferences)에서 행한 강연 가운데서 크롬웰(Oliver Cromwell, 1599-
1658)을 중심으로 국가 교회의 형태를 강하게 형성했다고 말했다. D. M Lloyd-Jones, 서
문강 역 『청교도 신앙 그 기원과 계승자들』, (서울: 생명의 말씀사, 1990), 72-73.
57) William Maxwell Hetherington, 『History of the Westminster Assembly of Divine』, (New
York: Mark Newman, 1843), 206.

이라는 개념이다. 그러므로 교회도 상위에 있는 국가의 수장인 왕의 다스림을 받도록 하는 국가 교회의 개념이 성립하게 되는 것인데, 그러한 국가 교회는 기본적으로 주교제도(episcopacy)에 의해 국왕의 통치권이 교회에 미치도록 하는 형태를 취한다. 또한 그러한 주교제도 가운데서 모든 성직자에 대한 소명과 임직이 이뤄지며, 주교는 영국의 종교 전반에 걸쳐 실질적인 결정과 판단을 내리는 직무를 수행하는 자로서, 세속권력(왕권)에 긴밀히 협력하는 위치였다. 그러나 토마스 카트라이트는 그의 교리문답에서 "교회 문제들에 대한 위정자들의 권한은 무엇인가?"라는 물음에 대해 "그가 기독교인인 이상 몸의 지체로서 교회와 함께 사역할 권한이 있다."고 함과 아울러, "위정자로서 그는 교회의 대적자들을 벌하는데 협조해야 하고 그의 권한으로 선한 법규를 장려해야 한다."[58]고 말함으로써 위정자의 교회에 대한 역할을 분명하게 한정하고 있어, 주교제도 가운데서의 국가 교회와는 구별이 있도록 설명하고 있다. 위정자는 교회를 보호하며 바른 신앙을 장려하도록 협력하는 역할을 수행하기 위해 교회와 수평적이고 동역적인 위치로 긴밀히 관계하는 것이지, 교회를 통제하고 다스리는 역할을 수행하는 것이 결코 아니라는 것이다. 따라서 교회의 치리에 관한 전반적인 자치와 아울러 세속권력의 보호와 협력이 필요하다고 보는 것이 카트라이트를 비롯한 장로교인들의 입장이었다.

한편 가정예배모범이 스코틀랜드에서 채택될 당시에 교회의 치리권 가운데 대표적이라 할 통상 직원들에 대한 소명이 어떠했는지에 대해, 비분리파 청교도인 윌리엄 에임스(William Ames, 1576-1633)

---

58) 서창원 외 『사무엘 루터포드의 생애와 요리문답서』, (서울: 진리의 깃발, 2010), 187.

의 『THE MARROW OF THEOLOGY, 1643』가 잘 드러내 주고 있으므로 이를 살펴볼 필요가 있다.

에임스는 "통상 직원들과 그들의 설교직에 관하여"(Of ordinary Ministers, and their Office in Preaching) 진술하고 있는 35장에서 이르기를, "통상직에 대한 권한은 일반적으로 인간에 의해 주어지며, 그러한 이유로 인해 통상직원의 소명(부름)은 간접적이다.……따라서 교회는 적합하다고 여겨지는 자들을 선택만 할 수 있다.……통상적인 소명에는 적법한 심사가 소명 자체보다 선행되어야 한다."[59]고 말한다. 즉, 통상 직원들을 세움에 있어 중요성은 일차적으로 소명 이전에 "심사"(test)에 의한 선발에 있다는 것이다.

마찬가지로 가정예배모범 5항에서 가정예배를 인도할 자를 세움에 있어서도 중요한 것은 자연적인 질서로서의 소명만이 아니라, 적합한지의 여부에도 있는 것이다. 따라서 가정예배를 인도하기에 적합하지 않을 경우에는, 교회에서 통상 직원을 세울 때와 마찬가지로 공적인 심사에 의한 선발의 취지를 제시하고 있는 것이 5항에서 언급하는 "부르심"(calling)인 것이다.

특별한 부르심(공적 소명)이 필요한 이유

이 5항의 언급들은 7항에서 언급하고 있는 "부패하고 곤경에 처

---

59) "The right of his Ministry is usually communicated by men; and in that respect, the calling of an ordinary Minister is mediate.……the Church can therefore only choose those whom she sees fitted beforehand; for not only extraordinary Ministers,……Thus in an ordinary calling it is necessarily required that a lawful test go before the calling itself." 『THE MARROW OF THEOLOGY, 1643』 125.

한 때"라는 말과 연관된 가운데 있는 언급으로서, 특별히 왕당파(Cavaliers)와 의회파(Roundheads)로 갈려진 내전(civil war)과 하일랜드(Highland) 및 아일랜드(Ireland)의 야만적인 족속들까지 동원되어 치러진 여러 전쟁들을 겪은 상황 가운데서 이해할 필요가 있는 언급이라 하겠다.

그런데 월터 스콧(Sir Walter Scott, 1771-1832)의 『스코틀랜드 역사이야기(Tales of a Scottish Grandfather)』를 보면, 주교제도를 반대하던 스코틀랜드 남부와 서부 지방에 비해 북부지방의 귀족들이 장로교에 대해 반대했던 이유가 도덕적(신앙상의) 훈련이라는 명분 하에 가정의 사사로운 문제들까지 간섭하는 성직자들을 못마땅하게 여겼기 때문[60]이라고 한 언급을 볼 수 있는데, 그만큼 스코틀랜드 장로교회의 목사와 교회가 성도들 가정의 신앙과 경건에 깊은 관심을 기울였음을 알 수 있다. 더구나 내전을 통해 가장을 잃거나 심각하게 피폐해진 가정들을 돌아보는 교회의 입장에서는 더욱 가정예배를 인도할 자들을 세우는 일과 훈련시키는 막중한 책임이 지워져 있는 상황이었던 것이다.

일반적으로 종교개혁 이후 영국의 종교는 헨리 8세(Henry VIII of England, 1491-1547) 때에 로마 가톨릭과 단절하는 '국가 교회'의 양상이었는데, 잉글랜드가 주교제도를 채택하는 것을 통해 교회의 재정과 서임권을 손에 넣도록 하는 형태의 국가 교회(Church of England)를 지향했던 것과 달리, 스코틀랜드에서는 장로교회를 지지하여 주교제도를 강력히 반대하는 형태의 국가적인 교회[61]를 지

---

60) Walter Scott, 이수잔 역 『스코틀랜드 역사이야기-2』, (서울: 크리스찬다이제스트, 2005), 249.
61) 제도적으로는 장로교회이나 전 국가를 아우르는 교회의 형태.

향했다. 하지만 그 가운데에는 장로교회와 매우 유사한 신앙을 추구하면서도 국가적인 교회의 형태를 반대하는 독립파(Independents) 청교도들 또한 다수인 상황이었다. 더군다나 하일랜드라 불리는 고지대 사람들은 신앙 뿐 아니라 윤리적인 수준에서도 상당히 낙후된 생활을 하는 자들이었는데, 그러한 자들까지도 활개를 치던 혼란스런 상황이었기에, 전쟁의 와중에 부득이하게 다양한 신앙형태의 가정들이 함께 뒤섞여 예배드리게 되는 일들이 얼마든지 이뤄질 수가 있었다. 그러므로 가정예배모범 제7항에서는 그런 경우에 초래될 위험성을 적극적으로 언급하고 있는 것이다.

한편 가정예배모범은 교회에 의해 훈련되거나 세워짐으로써 공적인 부르심을 받은 인도자 외에 형식적으로나 어떤 우연적이고 일시적인 상황에서 가정예배의 인도자가 세워지는 것을 반대하고 있는데, 앞서 제4항에서 "집에 늘 있어 예배에 봉사할 수 있는 사람"이 예배를 인도해야 한다고 한 것도 바로 그러한 취지라고 할 것이다. 하지만 현대의 기독교에서는 이러한 취지가 상당히 퇴색해 있으며, 소위 '셀 교회'나 '가정교회 운동'과 같은 소그룹 프로그램들에서는 적극적으로 여러 다양한 가정들이 함께 모여 예배드리기를 권장하며, 그러한 소그룹들이 자체적으로 인도자를 세우도록 하고 있는 것을 볼 수 있다.

그러나 스코틀랜드 가정예배모범 제5항에서는 목사와 교회가 노회 앞에 책임을 지고 공적 부르심 가운데 세워지는 인도자[62]가 아닌 경우에 발생할 수 있는 여러 문제들을 명확히 언급하기를, "그런 자들은 오류를 가지고 있어 분열을 일으킬 수 있으며, 오히려 그러한

---

62) 당회가 인정하여 세운 인도자.

것으로 어리석고 불안정한 영혼들을 타락하게 만들 수 있다."고 했다. 특별히 주교제도 아래에서 퍼스(Perth)의 5개 조항(1618)[63]과 같은 로마 가톨릭적 조항들을 무분별하게 따르는 형식적인 신자나 사역자가 가정예배를 인도하도록 세워지는 경우가 발생하지 않도록[64] 주의할 것을 말하고 있어서, 신자들의 가정에서부터 오류가 들어와 분열을 조장하게 되는 것을 엄밀히 예방하도록 하고 있다. 반면에 현대의 수많은 교회들에서 실시하고 있는 셀 교회나 가정교회운동에서 권장하는 '소그룹' 모임 방식으로 신자들의 가정이 개방되도록 할 경우, 공적 부르심과 상관이 없이 열심만으로 들어오는 자에게 심각한 오류가 내포되어 있어도 이를 실질적으로 막기가 어려우며, 그로 인해 교회 자체가 교리적으로 분열되는 일도 발생할 수 있는데, 여러 이단들이 바로 그러한 허점을 공략하기 위해 적극적으로 활동하고 있는 것이 오늘날의 현실이다. 더군다나 그러한 소그룹 방식의 목회를 지향하는 교회들 가운데서 노회에 책임을 지고 그러한 소그룹을 만들거나 인도자를 세우는 경우가 전무한 실정이니, 사실상 그러한 자들로 말미암는 오류와 분열에 교회 공동체 스스로를 노

---

63) 왕에게 교회 정치와 관련해서도 권한이 주어진다고 보는 제임스 1세에 의해 1618년 8월 스코틀랜드의 스털링(Stirling)과 던디(Dundee) 사이에 위치한 퍼스(Perth)에서 회합을 가졌는데, 그 때에 1. 성례(Holy sacrament)시에 무릎을 꿇어 참여한다. 2. 병자들 가운데 원하는 자가 있으면, 가정에서도 세례를 베풀 수 있다. 3. 필요한 경우 사적으로 아이들에게 세례를 베풀 수 있다. 그리고 이를 다음 주일에 회중 가운데 인증을 받을 수 있다. 4. 사역자들은 그들 교구의 아이들을 가르치기 위하여 데려오도록 하며, 반복적으로 주기도문과 신경들과 10계명을 읽도록 하고, 주교들이 그들에게 견신례(confirmation)를 행하여 그 아이들에게 복을 빌도록 한다. 5. 성탄절(Christmas), 부활절(Easter), 오순절(Whitsuntide), 승천일(ascension)등은 스코틀랜드 교회 안에서 늘 기념되어야 한다는 것들이었다. 이에 대해 대부분의 청교도 성직자들이 강하게 반대하여 이를 전면 거부했으며, 1621년 의회에서 수많은 성직자들이 퍼스 5개항의 부당함을 호소했을 뿐 아니라, 대부분의 사람들이 그러한 반대에 동참했다. Daniel Neal, 『The Histiry of the Puritans. vol. 1』, (London, 1837), 389-70.
64) 가정예배모범 제7항에서 볼 수 있듯이, 전쟁의 상황에서 여러 가정이 모여 예배를 드리게 되는 경우에 종종 그처럼 공적 부르심과 무관한 자가 인도자로 세워지는 예가 있었던 것으로 보인다.

출시키고 있는 것이 오늘날 장로교회들의 위급한 실정이라 하겠다. 그러므로 가장 먼저 "집에 늘 있어 예배에 봉사할 수 있는 사람"인 가장이 잘 훈련되어 공적 부르심 가운데서 가정예배의 인도자로 세워질 수 있도록 지도(양육)하는 것에, 지교회 목회자들의 많은 관심과 노력이 시급하게 요구되고 있다.

Ⅵ가족예배 시, 특별히 주의할 것은 각 가정이 스스로를 지켜야 한다는 것(each family keep by themselves)으로, 그 가정을 방문 중이거나 식사에 초대된 손님들, 혹은 합법적인 어떤 경우(some lawful occasion)로 꼭 초대되어야 하는 경우가 아니면, 다른 사람들을 참여시킬 필요는 없다.

잉글랜드가 로마 가톨릭과 분리된 왕권 아래의 주교제도를 채택하는 국가 교회(흔히 '성공회'라 불리는 'Anglican Communion')를 주로 표방한데 비해, 스코틀랜드에서는 일찍이 존 낙스의 종교개혁을 중심으로 장로교회를 표방하여 1560년에 열린 스코틀랜드 개혁의회(the Scottish Reformation Parliament)를 통해 스코틀랜드 신앙고백(the Scottsh Confession of Faith)을 비준했는데, 일찍이 그와 같은 신앙고백을 비준할 수 있었던 스코틀랜드였기에, 1647년에 웨스트민스터 총회를 통해 작성된 웨스트민스터 신앙고백과 이후로 가정예배모범 등 웨스트민스터 표준문서들을 모두 채택할 수가 있었던 것이다. 하지만 불행하게도 총회가 열렸던 잉글랜드에서는 표준문서들이 채택되지 못하였고, 스코틀랜드조차도 1655년 이후 크롬웰의 통치하에서는 독립 교회로, 1661년에는 감독 교회로 뒤바뀌는 역사가 있었지만, 잉글랜드에 비해서는 훨씬 정돈된 장로교회의 체제를 일찍부터 정립하고 있었다.[65]

---

65) 이처럼 장로교회의 신앙은 역사 가운데서 평안하게 전수됐었던 것이 아니다. 오히려 무수한 사탄의 훼방과 방해 가운데 있었던 것이 장로교회의 신앙이기에, 우리들은 참된 장로교회 신앙의 모범을 외양이 아니라 모범으로서 이해하여 따르는 자세가 요구된다.

한편, 1560년에 비준된 스코틀랜드 신앙고백을 보면, 제23조에서 "성례에 참여하는 자들"에 관하여 진술하기를 "……우리는 주의 만찬에는, 믿음의 가정만이 참여할 수 있으며, 이웃들에 대한 의무와 자신의 신앙을 시험하여 살필 수 있어야만 한다."[66]고 하여, 성례에 참여할 수 있는 자들을 믿음의 가정으로 국한함과 아울러, 그 가운데서도 특별히 이웃에 대한 의무와 자신의 신앙을 시험하고 살필 수 있는 자로 더욱 한정하고 있는 것을 볼 수 있다. 또한 이어지는 문구에서는 "믿음이 없거나 또는 그들의 형제들과 분란을 해결하려함이 없이 먹으려 하는 자들은 거룩한 식탁에서 먹고 마실 수 없다."[67]고 했는데, 아울러 "이것이 곧 우리의 교회에서 목사들이 주 예수의 식탁에 참여하려는 자들을 공적으로 그리고 (신앙의) 지식을 묻는 특별한 대화를 통해 검토하는 이유이다."[68]라고 한 것을 볼 수 있다. 그리고 이를 통해, 교회의 공적인 은혜의 수단인 성례(성찬)에 앞서 얼마나 면밀하고 신중한 신앙의 검토와 점검이 이루어 졌는지를 알 수가 있다.

그런데 그처럼 면밀하고도 신중하게 검토되고 점검되는 성례에 앞선 일련의 절차들은, 믿음의 가정으로서 이웃들에 대한 나눔과 섬김의 의무와 자신들의 신앙을 시험하여 살필 수 있는 자들에 대해 이

---

66) "……the Supper of the Lord, we confess to appertain to such only as be of the household of faith, can try and examine themselves as well in their faith as in their duty towards their neighbors." James T. Dennison Jr, 『Reformed Confessions of the 16th and 17th Centuries in English Translation: Vol 2』, (Michigan: REFORMATION HERITAGE BOOKS, 2010), 204.

67) "Such as eat and drink at that holy table without faith or being at dissension and disunion with their brethren do eat unworthily"

68) "And, therefore, it is that in our kirks our ministers take public and particular examination of the knowledge and conversation of such as are to be admitted to the table of the Lord Jesus."

뤄지는 것이라는 점을 이해해야 한다. 즉, 그러한 신앙의 면밀한 점검과 검토는 가정과 교회가 긴밀하게 연계되는 가운데서야 비로소 가능한 것이라는 사실을 이해할 필요가 있는 것이다. 그러므로 성례에 앞서 교회에서는 목회자가 성찬에 참여하려는 자들을 공적으로, 그리고 신앙의 지식에 대한 특별한 대화 가운데서 면밀히 검토하고 점검할 것이지만, 더욱 가정에서의 가장[69]의 역할이 함께 이뤄져야만 하는 것이다. 가정의 구성원들이 이웃들에 대한 의무를 잘 이행하며, 신앙이 건전한지를 실질적으로 시험하여 살필 수 있는 사람은 가정의 목회자인 가장이어야 마땅하기 때문이다.

이웃들에 대한 의무와 신앙을 살피는데 있어 주의할 점

스코틀랜드 신앙고백 제23조에서는 세례와 성찬에 대해 언급하고 있는데, 세례와 달리 성찬에 있어서는 먼저 자신들을 살피는 것이 요구되고 있다. 마 5:23-24절에서 주님은 이웃들과 관련한 여섯 번째 계명과 관련하여 말씀하시기를 "예물을 제단에 드리려다가 거기서 네 형제에게 원망들을 만한 일이 있는 것이 생각나거든 예물을 제단 앞에 두고 먼저 가서 형제와 화목하고 그 후에 와서 예물을 드리라."고 하셨으니, 주의 만찬에 참여하기에 앞서서도 그처럼 자신들을 살피는 것이 요구되는 것이다. 그러나 그처럼 이웃들에 대한 의무를 두고서 자신들을 살필 때에 주의하여야 할 것은, 그러한 이유로 자신들의 가정예배에 이웃들을 초청할 이유는 없다는 점이다.

---

69) 실제적인 가장의 직무와 역할, 그리고 선임에 관해서는 가정예배모범 제4항에서 이미 다루었다.

우선 스코틀랜드 장로교회가 신조로 채택한 웨스트민스터 신앙고백 제21장은 "경건한 예배와 안식일에 관하여" 다루고 있는데, 특히 6항 후반부에서 이르기를 "하나님께서는 신령과 진리로 어디서나 예배되어야 하고, 각 가정에서 매일, 그리고 각자 홀로 은밀한 가운데 예배되어야 하듯이, 하나님께서, 그의 말씀이나 섭리에 의하여, 그리고 부르시는 때에, 부주의하게 혹은 고의적으로 소홀히 되거나 저버려서는 안 되는, 공적인 모임에서 더욱 엄숙히 예배되어야 한다."고 했다. 즉 개인이 홀로 은밀한 가운데 드리는 예배나 가정에서 드리는 매일의 예배나, 예배 자체는 "신령과 진리"로서 드리는 것이니, 그런 예배들도 "공적인 모임(회집)에서 더욱 엄숙히" 이뤄지는 것을 지향하는 것으로 언급하고 있다. 한마디로 개인적인 예배나 가정예배가 모두 교회로서 공적으로 모인 가운데 이뤄지는 예배로서 있는 것이다.

이처럼 신자 개인과 가정에서 드려지는 예배가 예배당에서 드리는 공적인 예배를 지향하고 있다는 것은, 앞서 스코틀랜드 신앙고백 제23조의 "성례에 참여하는 자들"에 관한 진술에서 언급하는 "······주의 만찬에는, 믿음의 가정만이 참여할 수 있으며, 이웃들에 대한 의무와 자신의 신앙을 시험하여 살필 수 있어야만 한다."는 문구를 따라 각 가정에서 실제적으로 성찬에 참여하기에 합당한지의 여부를 살피는 일과 연계되는 것이다. "교회에서 목사들이 주 예수의 식탁에 참여하려는 자들을 공적으로 그리고 (신앙의) 지식을 묻는 특별한 대화를 통해 검토"해야 한다고 했을지라도, 그러한 검토가 실제적으로 가능하기 위해서는, 가정의 가장에 의해 신자 개인과 각 가정들이 공적인 모임으로서 예배당에서 드려지는 예배를 지향하는 일종의 목회적 기능을 잘 수행하여야만 비로소 가능하게 되는 것이다.

그런데 그러한 예배의 일련의 방향 즉, 개인과 가정의 예배가 교회당에서 이뤄지는 공적인 예배를 지향하도록 되어 있는 일련의 방향에는 예배가 무엇이며 어떤 이유로 드리는 것인지에 대한 이해가 전제되어 있다. 웨스트민스터 신앙고백 제21장 6항의 "하나님께서는 신령과 진리로 어디서나 예배되어야" 한다는 문구에서 알 수 있듯이, 예배란 신령과 진리로서 하나님께 드려지는 영적인 행위인 것이다. 그러므로 그 안에서 성도간의 교제는 엄밀히 말하면 부수적이며 실천적인 의미에서만 중요하다. 그러므로 웨스트민스터 예배모범(THE WESTMINSTER DIRECTORY, 1644)에서 말하는 예배모범(Directory)의 순서상에도 성도 간에 이뤄지는 교제의 순서는 없다.[70] 오히려 회중들의 모임과 예배를 위한 자세에 관해 다룬 예배모범의 언급을 보면 "회중들은 공손하고 엄숙하고 정숙한 태도로 예배당에 들어가 특정 장소를 향해 절하거나 또는 서로 인사하지 않고 자리에 앉는다."[71]고 했으며, 이후에도 서로 간에 인사를 나누거나 담소하는 것과 같은 교제의 시간은 전혀 없다. 마찬가지로 개인적으로 은밀히 드리는 예배나 가정예배에서도 예배의 중심은 신령과 진리로 하나님을 예배하는 데에 있을 뿐, 상호간 교제는 예배의 중요한 요소가 될 수 없는 것이다. 그러므로 그러한 가정예배에 이웃들을 초청할 이유는 없으며, 다만 가족을 중심으로 예배 후의 시간들을 통해서 이웃들에 대한 의무들에 대해 살피는 것 또한 가능한 것이다.

---

70) 현대의 예배에서는 장로교회의 예배일지라도 성도간의 교제에 상당한 의미를 두어, 예배의 한 부분으로 중요하게 자리해 있는 것을 볼 수 있다. 성도간의 교제는 모든 예배가 다 마쳐진 뒤에 비로소 이뤄지는 것이며, 심지어 공적인 광고조차도 그 때에야 비로소 이뤄지도록 되어 있다.

71) 정장복 역 『웨스트민스터 예배모범』, 43.

가정예배에 초대될 수 있는 합법적인 경우

기본적으로 예배는 성도들 상호 간의 교제가 아니라 신령과 진리로 하나님을 높이는 데에 있기 때문에 가정예배에 가족들 이외의 사람들을 초대할 이유가 없지만, 그럼에도 불구하고 가정예배모범에서는 가정예배에 초대될 수 있는 예외적인 경우들을 언급하고 있다. 우선 언급하고 있는 것은 "그 가정을 방문 중이거나 식사에 초대된 손님들"의 경우다. 물론 그런 경우는 항상 있는 상황이 아니고, 오히려 그렇게 방문 중이거나 초대된 경우에라도 함께 가정예배를 드림으로 매일 드려져야할 가정예배를 빠지는 일이 생기지 않도록 할 수가 있을 것이다. 무엇보다 성찬에 앞서서 믿음의 가정이 이웃들에 대한 의무와 자신의 신앙을 시험하여 살피는지를 위해 교회의 장로나 목사가 가정예배에 참여하는 경우가 있을 것이다. 그러한 특별한 경우를 통해서 교회는 각 가정을 실질적으로 돌아볼 수가 있다.

그러나 특별하고 "합법적인 어떤 경우"라도, 기본적으로 교회의 장로나 목사는 가정의 가장이 담당하는 역할을 침해하지 않도록 주의하여야 할 것이다. 일반적으로 성찬에 앞서서 "주 예수의 식탁에 참여하려는 자들을 공적으로 그리고 (신앙의) 지식을 묻는 특별한 대화를 통해 검토"하는 일은 교회가 공적으로 해야 하는 것이며, 다만 그 실제적인 점검을 위해서는 가정예배를 인도하는 가장의 적극적인 시험과 가족들을 잘 살펴보는 것이 요구되는 것이다. 물론 가정예배모범의 서문에서 볼 수 있듯이 스코틀랜드 장로교회 총회는 "개교회의 목사(ministers)와 치리장로(ruling elders)들이 개교회에 소속된 각 가정들에서 이 같이 중요한 의무를 소홀히 하는 것은 아닌지 부지런히 살펴보고 돌아보도록" 명했으며, 만일에 그처럼 가정예배가 시행되지 않는 경우에는 "그 가정의 가장이 먼저 그 잘못을 시정하도록 사적인 권면이나 경고를 받아야 할 것"이라고 했다. 그러므로 가정예배의 시행에 관한 문제는 결코 그 가정 스스로에게만이 아니라 공적인 교회의 시찰과 권징에까지 연계되는 중요한 문제였으며, 때문에 가정예배모범은 "그런데도 계속해서 그러한 잘못을 시정하지 않고 그대로 있으려 한다면 당회(a Consistory)에 의해 엄중한 책망을 받도록 해야 한다. 만일 그처럼 책망을 받음에도 불구하고 여전히 가정예배를 소홀히 한다면, 그와 같이 심각하게 당회의 지침을 위반하는 그 강퍅함으로 인해 성찬을 받기에 합당치 못한 자로 간주되고 이를 뉘우치고 돌이키기까지 성찬참여를 금함이 마땅하다."고까지 강력하게 언급하고 있는 것이다.

그런데 웨스트민스터 총회가 있었을 당시 잉글랜드에서는 왕당파를 중심으로 여전히 주교제도를 고수하고 있었던 반면에, 의회파들은 장로교회와 독립교회(회중주의)제도를 제안하고 있었다. 그리고 주교제도 하에서의 교회정치의 경우에는 로마 가톨릭과 마찬가지로 왕의 종교적 통치가 주교를 통해 위계적으로 하달되는 "하향식"(top-down process)의 성격이었던 것에 반해, 장로교회의 경우에는 각 개인의 신앙과 경건이 가정에서의 공적인 신앙과 경건을 지향하고, 그런 가정의 신앙과 경건은 가장을 통해 교회에서의 공적 신앙으로 연계되는 일종의 "상향식"(bottom up process)으로 되어 있었다. 그러므로 특별하고 합법적인 어떤 경우로 교회의 장로나 목사가 가정예배를 잘 드리고 있는지 살펴보고 지도하며 때로는 권면과 함께 권징(수찬 정지)까지 시행했어도, 기본적으로는 가장(혹은 예배의 인도자로 세움을 받은 자)의 책임으로 되어 있었기 때문에 가장의 자발적인 역할이 아주 중요했다. 교회의 장로나 목사가 각 가정을 그처럼 돌아보는 것은, 가장이 가정예배를 잘 인도하고 가정의 신앙과 경건을 잘 지도할 수 있도록 세우기 위함이었던 것이다.

기본적으로 장로교회의 모든 체계들은 로마 가톨릭이나 성공회의 주교제도처럼 상급 기관이나 직위에 의해 통제될 수 있도록 되어 있는 것이 아니라, 스스로 자발적으로 참여할 수 있도록 했다. 그러므로 장로교회의 각 가정에서 신자 개인이 은밀하게 드리는 개인예배는 가정에서 온 가족이 함께 드리는 일종의 공적인 성격의 예배인 가정예배를 지향하는 것이며, 그런 가정예배는 또한 온 교우들이 함께 모이는 교회에서의 예배를 지향하는 것이다. 그리고 그렇게 하여 지교회는 온 회중이 하나님께로 경건히 올리는 공교회적인 예배에 참여하는 것이다. 따라서 장로교회의 모든 일련의 체계들이 자발적이며 헌신적인 모습의 상향식 체계라는 사실을 잘 이해하고서, 혹여 가정예배가 잘 시행되지 않고 불성실하게 드려지며 이를 지도하고 시정하는 교회의 공적인 치리에 따르지 않는 경우가 있더라도, 치리와 권징의 목적이 그 가정을 통제하는데 있는 것이 아니라 세우는데 있음을 항상 잊지 말아야만 하는 것이다.

VII 부패하고 곤경에 처한 때(이러한 때에는 여러 일들이 용납되지만, 그렇지 않았다고 한다면 용납되지 않았을 것이다)에는 여러 가정들이 함께 예배함으로써 많은 효과와 결실들을 거둘 수 있을 것이지만, (여기에 언급된 경우를 제외하고) 하나님께서 복음의 순전함과 평안으로 축복해 주신 때에는 그러한 모임은 권장되지 않는다. 왜냐하면 그런 일은 오히려 가족들 개개인의 영적인 훈련에 방해가 되는 경향이 있으며, 공적인 사역(the publick ministry)의 필요에 대한 부정적 견해를 갖게 할 수 있기 때문이다. 뿐만 아니라 교회(congregations)의 여러 가정들 사이의 불화를 초래하거나, 심지어 분열을 초래할 수도 있다. 그로 인해 초래 될 수 있는 많은 범죄 외에도, 경건치 못한 사람들의 마음이 완악하게 될 뿐 아니라 경건한 사람들의 마음을 슬프게 하는 일들이 벌어질 수도 있는 것이다.

기본적으로 장로교회들에서 이뤄지는 신앙의 체계에 있어서 신자들이 함께 모이는 것(congregation)은 예배당에서 공적 예배로 모이는 때이며, 그 나머지의 경우들은 대부분 가정을 중심으로 하여 신자 개개인의 자발적이고도 지극히 개인적인 신앙과 경건의 삶으로 이뤄지는 것이 일반적이다. 다만 가족 구성원 개인이 공적인 차원으로 모이게 되는 가정예배에 있어서 비로소 예배당에서의 공적인 회집의 경우와 유사하게 공적인 성격을 띠게 된다. 또한 일반적으로 그런 가정예배의 인도자인 가장은 그 가족 구성원 가운데서 목회적 기능을 하는 자라 할 수 있기에, 그러한 인도자의 목회적 기능과 역할을 저해하지 않도록 하는 것이 이미 언급한 가정예배에 있어서의 기본적 지침이다.

그러나 웨스트민스터 총회가 이뤄진 영국의 장기 의회(Long Parliament) 기간은 잉글랜드를 중심으로 왕당파와 의회파 사이에 내전(civil war)이 벌어지던 상황이었고, 스코틀랜드의 경우에도 그러한 내전에 휘말려 잉글랜드 의회파를 지원하던 상황이었다. 더구나 왕당파 군대의 침략과, 나중에는 크롬웰 군대와의 전투까지 벌어졌었던 혼란스런 형편 가운데 있었다. 그러므로 가정예배모범 제7항에서 말하는 "부패하고 곤경에 처한 때"(the times of corruption or trouble)란, 바로 그처럼 전쟁에 휘말린 상황을 말하는 것이라 하겠다.

환란의 때

스코틀랜드를 지리적 특성으로 살펴보면, 문명화 된 저지대[72]와 무질서한 고지대[73]로 크게 나뉘며, 아울러 잉글랜드와의 접경지역에 자리하고 있는 보더스(Borders) 지방 또한 무질서한 약탈경제 지역이었다. 그러므로 저지대 지역은 고지대 사람들과 보더스 사람들에 의해 자주 노략을 당하는 일이 있었으며, 씨족 사회인 보더스 지방 사람들은 노략을 하지 않는 조건으로 일종의 상납금의 지불을 요구하는 지경이었다.[74] 뿐만 아니라 하일랜드 지방의 경우에는 방대한 지역의 크기와 주변 지형보다 높은 곳에 자리함으로 인해 보더스 지방보다도 훨씬 교화(Edification)하기 어려운 지역이었다.

---

72) 에든버러, 글라스고, 스털링, 퍼스 등의 도시가 자리함.
73) 'Highlands' 라 불리는 지역.
74) 이수잔 역 『스코틀랜드 역사이야기-2』, 173-4.

사실 17세기 유럽과 영국사회는 정치적 불안정과 함께 수많은 박해로 말미암는 환란의 사회이기도 했는데, 웨스트민스터 총회에 참석했던 신학자들도 생생히 기억하는 사건들이 여럿 있었으니, 1) 삭소니(Saxony) 공작의 몰락사건, 2) 헤센주 백작이 영원히 투옥된 사건, 3) 프랑스에서 30일 동안에 7만 명 이상의 신교도들이 순교한 사건, 4) 드 알방 공작이 3만 명의 위그노들을 학살한 사건, 5) 성 앤드류의 대주교가 조지 위샤트(Geotge Wishart, 1513?-46)를 화형 시킨 사건 등이 그것이다.[75] 이러한 끔찍하고 공포스러운 사건들과 소식들 가운데서 많은 신자들과 교회들이 불안정하고 극단적인 어려움에 처하기 일쑤였던 것이, 스코틀랜드 장로교회 신자들이 직면했었던 "부패하고 곤경에 처한 때"에 대한 구체적인 정황이었다.

그러한 극단적인 상황과 형편, 하일랜드와 보더스 지방 사람들의 약탈과 로마 가톨릭으로 돌아가려고 했던 왕들의 집권 가운데서의 핍박과 박해 등의 상황에서 신자들의 가정은 정상적이고 평안할 수 없었기에, 그런 때에 각 가정은 함께 모여 서로를 돌보며 위로하는 일들이 요청됐던 것이다.

평안의 때

한편 가정예배모범은 "부패하고 곤경에 처한 때"에는 여러 일들이 용납되지만, 그렇지 않았다고 한다면 용납되지 않았을 것이라고 했다. 즉 환란의 때나 핍박의 때와 같이 비상적인 상황이 아닌 평안의 상황에서는, 각 가정들이 함께 모여서 가정예배를 드리지 말도록 권

---

75) 김영규, 『엄밀한 개혁주의와 그 신학』, (서울: 도서출판 하나, 1998), 143 재인용.

하고 있는 것이다.

그런데 스코틀랜드 장로교회의 가정예배모범이 평안의 상황에서는 각 가정이 자체적으로만 예배를 드리도록 한 것과 달리, 개교회의 독립성을 최대한 확보하기를 원하는 "회중 교회"(the Congregational Church)의 경우에는 그러한 독립성과는 별도로 다양한 교회들 간의 친교(fellowship)를 강조했었던 것을 볼 수 있다. 예컨대 영국의 회중 교회들이 1658년에 런던의 사보이에서 개최한 대회 가운데서 채택한 "사보이 선언"(Savoy Declaration, 1658)을 보면, 마지막에 "교회의 제도와 예수 그리스도에 의해 그들에게 정해진 규칙에 관하여"(of the Institution of Churches, and the Order Appointed in Them by Jesus Christ)라는 제목으로 29항과 30항에서 회중 교회들의 독특한 친교의 성격을 언급하고 있다.

먼저 29항을 보면 "믿음 안에서 건전한 자들로 구성되어 있으며 복음적인 대화가 가능한 개혁하는 교회들은, 동일한 교회 질서의 규칙 가운데서 행하지 않는다고 하더라도 그들 각자의 원칙에 따라 충실히 구성되어 있는 한 서로 친교를 거절해서는 안 된다"[76]고 하여, 기본적으로 교회들 상호간의 독립성과 자치를 최대한 보장하고 있으며, 이에 따라 마지막 30항에서는 "그리스도의 마음으로 모여 운영되는 교회들은 다른 교회들이 (조금 순수하지 못하더라도) 진정한 교회로 판단하여, 그러한 교회의 회원들을 경건하며 허물이 없이 살

---

76) "Such reforming churches as consist of persons sound in the faith and of conversation becoming the gospel, ought not to refuse the communion of each other, so far as may consist with their own principles respectively, though they walk not in all things according to the same rules of church order." James T. Dennison Jr, 『Reformed Confessions of the 16th and 17th Centuries in English Translation: Vol 4』, 495.

아간다고 할 만큼 충분히 입증된 것으로 여겨, 그들과 무시로 친교를 이룰 수 있다"[77]고 했다.

사보이 선언의 이러한 언급들은 회중 교회들이 기본적으로 개교회를 넘어서 더 넓은 범위의 개혁적인 교회들을 지향하고 있다는 것을 알 수 있게 하며, "동일한 교회 질서의 규칙 가운데서 행하지 않는다고 하더라도"라는 문구에서 알 수 있는 것처럼 다양한 교파들에 대해서도 개방될 여지(Ecumenical)를 충분히 포함하고 있는 것이라 하겠다. 특별히 "다른 교회들이 (조금 순수하지 못하더라도) 진정한 교회로 판단하여, 그러한 교회의 회원들을 경건하며 허물이 없이 살아간다고 할 만큼 충분히 입증된 것으로 여겨, 그들과 무시로 친교를 이룰 수 있다."고 한 30항의 선언은, 회중 교회들의 친교의 성격이 이미 충분한 개방성에 있었음을 명백히 드러내는 것이다.

사실 회중 교회에서의 친교의 성격을 충분하게 보여주는 것은, 사보이 선언보다 10년 앞서서 미국 매사추세츠 케임브리지의 회중 교회들에서 채택한 "케임브리지 헌장"(Cambridge Platform, 1648)에 분명히 드러나 있다. 케임브리지 헌장 제15장을 보면 "교회들 간의 친교에 관하여"(of the communion of churches one with another)라는 제목 가운데서, 8항에 걸쳐서 상당히 구체적인 친교에 관한 내용들을 다루고 있는데, 먼저 1항에서 이르기를 "교회들은 각각 구별되므로, 다른 교회와 혼동될 수 없으며, 평등하고, 따라서 서로 간에 지배권을 가질 수 없다. 그러나 모든 교회들은 신비적일 뿐 아니라

---

77) "Churches gathered and walking according to the mind of Christ, judging other churches (though less pure) to be true churches, may receive unto occasional communion with them, such members of those churches as are credibly testified to be godly, and to live without offense."

정치(교회정치)적으로도 머리이신 그리스도와 하나로 연합되어 있기에, 서로간의 교통을 이루어야하는데, 그에 따라서 적절한 친교를 나눌 수가 있다."[78]고 했다. 특별히 4항에서 "교회들이 친교하는 네 번째 방식은 (서로) 참여함이다. 때때로 한 교회의 교인들이 다른 교인들에게로 오더라도, 우리는 그들을 주의 만찬에 함께하도록 기꺼이 받아들인다. 그것은 그리스도와 만이 아니라, 우리 교회의 교인들과의 친교의 인침이며, 뿐만 아니라 모든 성도들의 교회와의 인침이기도 하다. 그런 면에서, 우리는 목사가 부재하거나 우리와 같이 거룩한 친교의 열매가 필요하다고 한다면, 우리에게 인도된 자녀들 (타 교회의 자녀들)에게도 세례를 시행하기를 거부하지 않는다. 이 같은 경우에는, 한 사람 이상의 목회자가 있는 교회가 자기 교회의 목회자 중 한 사람을, 목회자가 부재하거나 아픈 목회자가 있는 교회에 필요한 때에 맞춰 파견할 수도 있다."[79]고 한 것을 볼 수 있다. 즉 기본적으로 회중 교회는 개교회의 독립성을 위해 장로교 치리 제도를 받아들이지 않으면서, 개교회의 독립성으로 인한 폐단을 보완하기 위해 개교회 간에 긴밀하게 상호연락(Communication)하도록

---

78) "although churches are distinct, and therefore may not be confounded one with another; and equal, and therefore do not have dominion one over another (Rev. 1:4; Song 8:8; Rom 16:16; 1 Cor. 16:19; Acts 15:23; Rev. 2:1): yet all the churches ought to preserve church communion one with another because they are all united unto Christ, not only as a mystical, but as a political head; whence is derived a communion suitable thereunto." 앞의 책, 405-6.

79) "A fourth of communion of churches is by way of participation. The members of one church occasionally coming unto another, we willingly admit them to partake with us at the Lord's table, it being the seal of our communion not only with Christ, nor only with the members of our own church, but also with all the churches of the saints (1 Cor. 12:13). In which regard, we do not refuse to baptize their children presented to us if either their own minister is absent or such a fruit of holy fellowship is desired with us. In like case, such churches as are furnished with more ministers than one do willingly afford one of their own ministers to supply the place of an absent or sick minister of another church for a needful season. 앞의 책, 407.

권장하고 있는 것이다. 그러나 스코틀랜드 장로교회 총회를 비롯한 장로교회들에서는 개교회의 독립성과 함께 "노회" 및 임시 회의기구인 "대회" 혹은 "총회" 등의 기구들을 통해 개교회가 자율성을 벗어나서 독단적으로 운영되는 폐단을 방지하거나 조치할 수 있도록 하고 있다.

그런데 그처럼 개교회의 독립성과 상호간 긴밀한 교류와 친교를 추구하는 회중 교회와 구별되는 장로교회들의 독특한 치리 제도들은, 가정예배를 드리는 것과 관련해서도 넓게 적용되어 있다. 그리고 그러한 독특성은 장로교회 신자들의 가정을 통제하는 것이 아니라 보호하는 취지라는 사실을 가정예배모범 7항에서 언급하고 있다. 즉 "그런 일은 오히려 가족들 개개인의 영적인 훈련에 방해가 되는 경향이 있으며, 공적인 사역(the publick ministry)의 필요에 대한 부정적 견해를 갖게 할 수 있기 때문"이다. 앞서 6항에 대한 해설에서 이미 언급한 바와 같이 기본적으로 장로교회들의 예배는 신자들 상호간의 친교가 중심이 되는 것이 아니라 하나님께 올려드리는 영광에 중심이 있다. 그러므로 장로교회의 공적예배순서 어디에도 신자들 상호간의 친교에 대한 항목이 전혀 없는 것이다. 마찬가지로 가정예배에 있어서도 그러한 예배의 원리를 따라 가족 간 혹은 이웃 간의 친교가 아니라 말씀(성경) 가운데서 영과 진리로(요 4:24) 하나님을 높이는데 핵심을 두고 있다. 따라서 불필요하게 이웃이나 손님이 초대되는 것은 "오히려 가족들 개개인의 영적인 훈련에 방해가" 될 수 있음을 가정예배모범은 경고한다. 아울러 장로교회에 있어서는 회중으로 모이는 중심에 반드시 목회자가 세워지도록 했다. 때문에 장로교회에서는 회중들에 의해 목회자가 청빙되더라도 반드시 노회의 인준 가운데서 목사가 세워지도록 되어 있으며, 그런 맥락으로 가정예배에 있어서도 반드시 합당한(교회에서 인정된) 인도자(가장)를 세우도록 한 것이다. 반면에 회중 교회에서는 목사나 인도자가 세워지지 않은 경우라도 그 회중 자체로서 교회가 구성된 것으로 인정된다.[80] 따라서 회중 교회에서는 직분자(목회자)가 세워지지 않고 여러 가정들이 연합하는 친교 가운데서도 교회를 구성한 것으로 인정될 수가 있는 것이다. 그러므로 가정예배모범이 "교회의 여러 가정들 사이의 불화를 초래하거나, 심지어 분열을 초래할 수도 있다"고 한 것은, 그처럼 합당한 인도자 없이 이웃들과 함께 모이는 가운데서 일어날 수 있는 위험을 앞서서 잘 경고해 주고 있는 것이라 하겠다. 즉 "그로 인해 초래 될 수 있는 많은 범죄 외에도, 경건치 못한 사람들의 마음이 완악하게 될 뿐 아니라 경건한 사람들의 마음을 슬프게 하는 일들이 벌어질 수도 있는 것"이다.

---

80) 이는 1648년의 케임브리지 선언 제6장의 교회 직분들에 대한 언급에서 명백히 확인되는 바, 1항에서 이르기를 "하나님께 경배하기 위해 언약을 통해 함께 연합한 자들의 무리인 한 교회는, 직분자(목회자)가 없이도 교회의 존재와 본질로서 드러날 수가 있으니, 사도들이 모든 교회들에 장로들을 세웠다는 것은 교회의 형태와 내용이 이미 있음을 암시하기 때문" (A church being a company of people combined together by covenant for the worship of God (Acts 14:23), it appears thereby that there may be the essence and being of a church without any officers, seeing there is both the from and matter of a church which is implied when it is said the apostles ordained elders in every church) 이라고 했고, 2항에서도 이르기를 "그럼에도 불구하고, 교회로 부름을 받았을 때에 직분자들을 반드시 필요로 하지 않는다고 하더라도 교회가 순전하게 존재할 수 있다" (Nevertheless, though officers are not absolutely necessary to the simple being of churches when they are called)고 하여, 회중 교회의 교회관이 본질적으로 '회중'을 중심으로 한다는 것을 알 수 있다. 앞의 책, 387-8.

VIII 주일에는, 가족 개개인이, 그리고 온 가족이 함께 모여 주님을 찾음으로써 자신들을 공예배(the publick worship)에 합당하게 하고(사람의 마음을 예비하는 것이 하나님의 손에 있으므로), 공적인 예배와 예식(the publick ordinances)에 복을 내려 주시기를 간구한 다음, 가장은 자신이 인솔하는 모든 가족들이 공예배에 참석토록 하여 온 가족이 교회(congregation)의 일원이 되도록 해야 한다. 공예배가 끝나고, 기도한 후에는 그들이 들었던 말씀을 가장이 설명해 주어야 한다. 그 후에 나머지 시간에는 교리교육(catechising)과 하나님의 말씀에 관한 영적 토론(spiritual conferences upon the word of God)에 할애토록 한다. 또한 (따로 떨어져서) 경건한 독서나, 묵상, 개인기도(secret prayer) 등을 통해 하나님과의 친밀한 교제를 증진시키도록 한다. 그럼으로써 성도들은 공적인 예식의 유익들을 더욱 잘 간직하고 증진시킬 수 있으며, 영생에 이르도록 교화(edified)될 수 있다.

장로교회의 신앙에 관한 표준인 웨스트민스터 신앙고백 제21장에서 "경건한 예배와 안식일에 관하여" 다루고 있는데, 특히 7항에서 이르기를 "하나님에 대한 예배를 위해 응당한 시간의 한 부분을 떼어놓은 것이 자연의 법칙으로" 있음을 언급한 뒤 "하나님께서는 하나님의 말씀 안에서, 그에게 거룩하게 지켜지도록, 안식을 위해 이레 중 하루를 특별히 정하셨"[81]다고 했다. 아울러 8항에서 이르기를

---

81) 아울러 7항의 본문은 "그것(이레 중 하루)은 창세로부터 그리스도의 부활까지 한 주간의 마지막 날이었고, 그리스도의 부활 이후부터는, 한 주간의 첫째 날로 바뀌었으며, 성경에서는 이 날을 주의 날(the Lords day)로 부른다."고 했다.

"이 안식일은……하루 종일을 거룩한 안식으로 준수할 뿐만 아니라……모든 시간을(whole time) 보내야 한다."고 했다. 그러므로 제4계명인 안식일(주일)의 계명은, 예배당에서 공적 예배를 드리는 시간만이 아니라 더욱 각 가정에서 주일에 합당하게 보내는 것이 중요하다.

그러나 현대의 거의 대부분의 신자들에게 주일을 성수한다는 것은 예배당에서 이뤄지는 공적 예배의 시간 외에는 거의 전무하다시피 한 실정이다. 온전한 주일의 성수를 위해서는 각 가정에 돌아가서도 주일에 합당한 경건과 안식 가운데서 생활해야 하지만, 사실상 예배당을 떠나온 순간부터 경건과 안식의 의무들은 전혀 기억되어 실천되지 못하는 것이 너무도 분명하게 되어버린 것이다. 그러므로 스코틀랜드 장로교회의 가정예배모범 제8항에서 언급하고 있는 내용들은, 주일을 합당하게 성수하는 신자들에게 가정예배가 얼마나 필수적인 것인지를 단적으로 보여주고 있다.

예배당에서의 주일

웨스트민스터 신앙고백 제21장 8항에서는, 경건한 예배와 안식일에 관해 언급하기를 "이 안식일은 동시에 주님을 위해 거룩하게 지켜지는데, 사람들이, 그들의 마음을 합당하게 준비하고, 그들의 일상적인 일들을 미리 정돈한 연후에, 그들의 세상적인 일과 오락에 대하여 그들 자신의 행위, 말, 그리고 생각들로부터 하루 종일을 거룩한 안식으로 준수"하여야 한다고 했다. 즉 안식일로서의 일차적인 목적은, 우리의 쉼이 아니라 주님을 위해 거룩히 구별하는 데에 목적이 있는 것이다. 그러므로 구약의 안식일(한 주간의 마지막 날)이 그리스도의 부활 이후부터 주일(한 주간의 첫째 날)로 불리고 있는 것이다.

한편, 계 1:10절은 "주의 날에 내가 성령에 감동하여 내 뒤에서 나는 나팔 소리 같은 큰 음성을 들으니"라고 기록하고 있다. 또한 "주의 날"(the Lord's day)에 관련하여 언급한 여러 성경구절들, 그 가운데서도 고전 16:2절과 행 20:7절에서 각각 "매주일 첫날"(Every first day of the week)과 "안식 후 첫날"(the first day of the week)이라고 하여, 그 날이 한 주의 마지막이 아니라 한 주간의 첫째 날이었음을 보여주고 있다. 그러므로 구약의 안식일은 주의 날로서의 연속성 가운데 있으면서도, 동시에 그 날 자체는 한 주의 마지막 날에서 첫째 날로 바뀐 것이다.

그런데 스코틀랜드 가정예배모범 8항에서는 그러한 주의 날, 곧 주일에 관해 언급하기를 "주일에는, 가족 개개인이, 그리고 온 가족이 함께 모여 주님을 찾음으로써 자신들을 공예배에 합당하게 하고 (사람의 마음을 예비하는 것이 하나님의 손에 있으므로), 공적인 예배와 예식에 복을 내려 주시기를 간구한 다음, 가장은 자신이 인솔하는 모든 가족들이 공예배에 참석토록 하여 온 가족이 교회의 일원이 되도록 해야 한다."고 하여, 가장의 인솔 하에 온 가족이 공예배에 참석토록 권장하고 있다. 물론 오늘날 대부분의 장로교회에서 이러한 가장의 역할, 곧 모든 가족들을 인솔하여 공예배에 참석토록 하는 일은 그리 흔한 일이 아니며, 특히 어린 자녀들의 경우에는 대부분 "교육부서"[82]라는 별도의 교회부서에서 예배를 드리도록 하고, 나머지 가족들 혹은 성인들만 공예배에 참석하는 경우가 많고, 그조차도 청소년 자녀들의 경우에는 여러 이유로 따로 모이는 일이 대부분인 실정이다. 그러나 가정예배모범에 따르면 기본적으로 공예배의 경우에나 가정에서 모여 드리는 가정예배의 경우에나, 개인예배이외의 모든 예배들이 공히 온 가족이 함께 모여 드리는 성격이다.

사실 웨스트민스터 예배모범이나 스코틀랜드 가정예배모범에서 전제로 하는 장로교회의 운영에 있어서 현대와 같은 교육부서의 개념은 없었다. 무엇보다 자녀들에 대한 교리문답 교육은 학교의 교사들 뿐 아니라 가정의 가장이 감당해야 할 중요한 역할이었으니, 그런 점에서 가정예배를 통해 충분히 기초적인 교리문답('Larger' or 'shorter' Catechism)이 잘 숙지되어, 이를 바탕으로 온 가족이 공예배에 준비되도록 하는 것이 필수적이었다. 아울러 웨스트민스터 예배모범(The Directory for The Publick Worship of God, 1645)과 마찬가지 맥락에서 예배를 준비하기 위한 자세들을 상세히 언급했는데, 웨스트민스터 예배모범의 "회중들의 모임과, 하나님의 공적 예배에서의 그들의 행실에 관한" 부분에서, "회중이 공중 예배를 드리기 위해 모일 때에, 사람들은 예배당에 모두 와서 (예배 전에 마음을 준비하여) 참석해야한다."고 한 것처럼, 가정예배모범은 더욱 상세히 기술하기를 "가족

---

82) 흔히 "주일학교"(Sunday school)라 부르는 개별교육부서로서, 이는 18세기 후반 영국에서 일어난 산업혁명으로 말미암아 자본주의적인 공업생산이 발달하게 되면서 야기된 공장노동자의 자녀들에 대한 교육정책으로서 최초로 등장한 "주일학교운동"에서 유래한 것이다. 즉 잉글랜드 글로스터(Gloucester)에서 로버트 레이크스(Robert Raikes, 1735-1811)라는 국교도가 1780년에 그로스터 공장지대의 난폭하고 행실이 나쁜 빈곤층 자녀들이 휴일에 비행을 일삼지 못하도록 하기 위해 예배당에 모이도록 하여 부근에 있는 읽기학교 여교사를 통해 글 읽기와 교리문답서를 가르치기 시작한 일종의 생활개선 프로그램에서 시작된 것이다. 우메네 사토루, 『세계교육사』, 323-5.

개개인이, 그리고 온 가족이 함께 모여 주님을 찾음으로써 자신들을 공예배에 합당하게 하고, 공적인 예배와 예식에 복을 내려 주시기를 간구한 다음, 가장은 자신이 인솔하는 모든 가족들이 공예배에 참석토록 하여 온 가족이 교회의 일원이 되도록 해야 한다."고 한 것이다.

현대와 같은 주일학교 중심의 신앙교육체계는 임시적인 차선책일 뿐, 그 자체가 신앙교육의 실제적인 대안이 아니라는 사실을 이해할 필요가 있다. 로버트 레이크스의 주일학교운동은 시대적으로 가정 예배모범이 권장되던 때보다 훨씬 후대에 일어난 것으로서, 이미 심각하게 붕괴된 가정교육체계를 대신하기 위해 궁여지책으로 만들어진 것이라 할 수 있다. 물론 그보다 앞서 17세기 말경에 영국에서는 빈곤층 자녀들에 대한 무상교육 프로그램인 "자선 학교"(Charity School)와 같은 것들이 주중에 그 기능을 발휘하고 있었지만, 산업화와 자본주의적인 공업생산 시스템(manufacture)의 발달로 말미암은 가정교육체계의 붕괴에 대한 근본적인 대안이 되지는 못했다. 오히려 그처럼 집단적으로 자녀들을 모아놓고 교육함에 따라 집단교육[83]을 위한 프로그램들이 발달하게 되고 그러한 프로그램들이 점차 신앙교육의 목적보다는 교육의 효율성에 중점을 두게 되었으나, 그럼에도 불구하고 빈곤층 자녀들의 교육의 빈약함이 심각했었으니[84],

---

83) "자선학교는 산업혁명의 본격적인 진행에 따라 대량으로 발생했던 문제아동을 위해 어떻게든 무엇인가 손을 써야만 했다. 그런데 손을 써야 할 아이들이 너무 많았다.……대부분의 자선학교는 예산 등의 문제 때문에 한 학교당 20명, 많아야 50~60명을 넘지 못했다(의류 등을 지급하는 데에도 상당한 금액이 필요했기 때문에 인원수의 제한이 요구됐다). 그리고 교사의 수도 대체로 1명뿐이었다." 앞의 책, 327

84) "그러나 유의해야 할 사실은 성 바울, 모세 또는 솔로몬에 대해서는 한 번도 들어본 적이 없는 아이가 도둑 딕 다원이나 특히 탈옥한 도적 잭 셰퍼드의 생애, 행위, 성격에 관해서는 상세히 알고 있다는 사실이다.……폰과 다른 위원이 예수 그리스도가 누구냐고 묻자 아이들은 아담이다, 또는 사도 중의 한 사람이다. 또는 구주의 자식이라고 대답했고 심지어 16세의 한 소년은 옛날 런던의 왕이었다고 대답했다." 앞의 책, 341 재인용.

결국에는 국가적인 교육의 대안과 법령을 통한 의무교육제도에 이르렀으나, 정작 신앙교육은 더욱 퇴보하는 결과를 가져올 뿐이었다. 반면에 가정예배모범에서 언급하는바 전적으로 예배가 중심이 되는 가장 중심의 교육체계는 그러한 폐단들을 극복할 수 있는 효과적인 방법이라 하겠는데, 바로 그러한 방법으로 비로소 웨스트민스터 예배모범과 스코틀랜드 가정예배모범이 공히 언급하는 바처럼, "자신들을 공예배에 합당하게" 함으로써 자신들을 주일에 합당하게 할 수가 있는 것이다.

가정에서의 주일

예배당에서의 주일에 관한 해설들에서 알 수 있듯이, 예배당에서 공예배를 통해 자신들을 주일에 합당하게 하기 위해서는 필수적으로 가정에서부터의 준비가 요구된다. 아울러 예배당에서의 공예배를 마친 다음에도 각 가정에서 주일에 합당한 신앙과 경건의 생활이 연계될 때에, 비로소 주일을 합당하게 보낼 수가 있는 것이다.

한편, 웨스트민스터 신앙고백 제21장 8항은 안식일로서의 주일에 대해 이르기를, "하루 종일을 거룩한 안식으로 준수할 뿐만 아니라, 그의 예배에 대한 공적이고 개인적인 실천 가운데, 그리고 꼭 필요한 것들과 긍휼의 의무 가운데, 모든 시간을 바치는 때"라고 했는데, 특별히 하루 종일(all the Day), 그리고 모든 시간을(whole time) 공적이고 개인적인 실천 가운데서 보내는 날이 바로 주일이라고 했다. 그러므로 안식일로서의 주일은 예배당에서의 공적 예배뿐 아니라 더욱 가정에서의 개인적인 경건의 실천이 이뤄져야 마땅한 것이다.

따라서 가정예배모범 8항은 바로 가정에서 안식일로서의 주일을 합당하게 보내는 태도가 무엇인지를 언급하고 있다. 대표적으로 주일을 안식일로서 합당하게 보내는 것은 십계명의 제4계명인 안식일 계명이 주일에 접목된다는 말이며, 그에 따라 당연히 하루 온종일 "주님을 위해 거룩히 지켜지도록" 예배당에서뿐 아니라, 각 가정에서도 "교리교육과 하나님의 말씀에 관한 영적 토론에 할애토록 한다. 또한 (따로 떨어져서) 경건한 독서나, 묵상, 개인기도 등을 통해 하나님과의 친밀한 교제를 증진시키도록 한다."고 가정예배모범 8항은 언급하고 있다. 그러므로 주일을 합당하게 보냄에 있어 예배당에서의 공예배에 합당하게 참여하는 것뿐만 아니라, 더욱 가정에서 어떻게 주일을 합당하게 보내야 하는가가 제4계명을 따라 주일을 합당하게 보냄에 있어 중요하다는 사실을 알 수가 있다. 아울러 가정예배모범에서 다루고 있는 개인예배와 가정예배가 주일을 합당하게 보냄에 있어서도 아주 중요하다는 사실도 확인할 수가 있는 것이다. 그런데 이처럼 중요한 안식일로서의 주일을 합당하게 보내는 태도에 관련하여, 윌리엄 구지는 『The Sabbaths Sanctification, 1641』 제2장에서 "안식일을 거룩히 하는 방법들"(Directions for Sanctifying It)이라는 제목 가운데 두 가지로 분류하는데, 그것은 첫째로 "명령된 것들을 준수함으로써"(By observing things commanded)이며, 둘째로는 "허락된 것들을 준수함으로써"(By observing things permitted)이다.[85]

아울러 명령되어진 것들을 준수함으로써 안식일의 모든 시간이 거룩하게 된다는 것에 대해, "명령된 의무들은 하나님의 최고의 주권

---

85) 김성봉 편역 『주일을 거룩하게』, 44.

에 의한 것이기 때문에 반드시 수행되어야 한다. 그 의무들은 그것들을 바로 수행함으로 안식일이 거룩하게 되는데 있어서 그 날을 위해 아주 적합한 것들이다."라고 설명했다. 또한 명령되어진 의무들은 더욱 세부적으로 1. 경건의 의무 2. 자비의 의무로 분류하며, 경건의 의무는 또한 1. 공적인 일 2. 사적인 일 3. 은밀한 일의 세 가지 종류로 더욱 자세히 분류하는데, 스코틀랜드 가정예배모범 8항에서 "교리교육과 하나님의 말씀에 관한 영적 토론에 할애토록 한다. 또한 (따로 떨어져서) 경건한 독서나, 묵상, 개인기도 등을 통해 하나님과의 친밀한 교제를 증진시키도록 한다."고 언급한 내용들이 전부 "명령된 것들을 준수함으로써" 안식일의 모든 시간이 거룩하게 될 수 있는 방법들에 속하는 것이다.

결국 안식일로서의 주일의 모든 시간들(하루 종일)을 합당하게 하기 위해 신자들이 예배당에서 공적 예배들을 통해서만이 아니라, 더욱 각 가정에서 가정예배와 개인예배를 통해서 주일을 거룩하게 하는 것이니, 한마디로 안식일로서의 주일성수와 관련하여 가정예배모범 8항에서 언급하는 일련의 모든 내용들은, 안식일을 거룩하게 하도록 명령되어진 것들에 속하는 의무인 것이다.

한편, 안식일을 거룩하게 하는 두 번째 "허락된 것들을 준수함으로써"의 방법이란, "하나님의 자비로운 은혜로 말미암은 것"으로써 "우리의 연약함과 부족함을 고려한 것으로서 이 날(주일)에 행해질 수 있는(행하는 것이 허락된) 것들"을 말한다. 또한 그것은 "봉사의 일"로써, "비록 안식일이 그런 일들 가운데서 철저하게 거룩하게 되는 것은 아니지만, 그럼에도 그런 일들에 의해서 보다 더 거룩하게 된다."고 했다. 그러므로 우리의 신체적인 안위와 휴식을 위하는 일들은 허락되어진 것들로서, 그것들 자체가 주일을 거룩하게 되도록 하는 것은 아니지만, 그럼에도 불구하고 이 또한 성경에서 허락된 말씀들을 따라 준수하도록 하는 것이 주일에 합당한 거룩의 태도임을 구지는 설명하고 있다.[86]

온전한 주일성수와 관련한 가장의 역할

이미 언급한 것처럼 주일을 합당하게 거룩히 구별하기 위해서는 예배당에서 뿐 아니라 각 가정에서, 그리고 각 개인이 은밀하게 마땅히 행할 것들을 행하는 것이 요구된다. 그렇게 함으로써 우리들은 십계명의 제4계명에 부합하게 되는 것이다.

그런데 제4계명에 부합하여 주일을 거룩하게 함에 있어서, 가정예배 모범을 비롯한 장로교회의 신앙 규범들은 공히 제5계명과 관련하여 이를 수행하도록 하고 있다. 즉 "네 부모를 공경하라"는 다섯 번째 계명에 부합하는 것을 통해 제4계명에도 부합하게 행할 수 있어야 한다고 말한 것이다. 앞서 4항에서 살펴본 바처럼, "가정예배를 적절히 인도하는 일은 가장에게 속한 것이기에 목사는 이를 게을리 하거나 이를 행하기에 부족한 가장을 분발하도록 훈련시켜서 그들이 자신들의 일을 잘 감당할 수 있도록 해줘야 한다."는 것이다. 하지만 여기서 말하는 가장은 단순히 육친의 부모로서의 가장에 국한하는 것이 아니기에, 4항은 또한 "때로 이 일을 위해 노회의 승인을 받은 목회자를 통해 가족들을 잘 연습시켜 그 가운데서 예배를 인도할 사람을 자유로이 임명할 수도 있다."고 했다. 웨스트민스터 대교리문

---

86) 이러한 내용들은 앞의 책 2장 전체에 걸쳐서 설명되어 있다.

답 124문에서 "제5계명에서 말하는 부모는 누구를 가리켜 한 말인가?"라는 물음에 대해 "제5계명에서 말하는 부모는 육친의 부모를 가리킬 뿐 아니라, 나이가 많거나, 보다 훌륭한 은사를 지닌 모든 사람을 가리킵니다. 특히 하나님의 규례를 따라 가정이나 교회에서 우리 위에 있거나, 국가의 공직에 있는 사람을 가리킵니다."라고 답변하는 것처럼, 육친의 부모가 아니라도 가정을 돌볼 수 있는 자가 가장의 역할을 수행하며, 가정의 구성원 모두는 가장의 인솔 가운데서 주일에 합당한 예배와 경건의 의무들을 수행하도록 가정예배모범은 규정하고 있는 것이다.

한편, 웨스트민스터 대교리문답 126문은 "제5계명이 함축하는 일반적인 범위는 무엇입니까?"라고 물은 뒤에 답하기를, "제5계명이 함축하는 일반적인 범위는, 아랫사람이나 윗사람으로서, 혹은 동등한 사람들끼리, 피차간에 지켜야 할 의무를 다해야 한다는 것입니다."라고 하여, 제5계명이 질서 가운데서 각각의 역할과 의무를 다하는 방식임을 알 수 있다. 그러므로 가정에서 윗사람에 해당하는 가장에게는 다른 가족구성원들이 표해야 할 의무만 있는 것이 아니라, 웨스트민스터 대교리문답 129문에서 "윗사람들이 아랫사람들에게 다해야 할 의무가 무엇입니까?"라고 한 것처럼, 가족구성원들에게 다해야 할 의무가 부여되는 것이다. 그리고 그 의무란 "윗사람들은 하나님께로부터 받은 권세를 따라, 그리고 자기들이 서 있는 위치를 따라 아랫사람들을 사랑하고, 위하여 기도하며, 축복하는 것이다. 그리고 그들을 가르치고 견책하며, 그들에게 충고하며, 일을 잘하는 사람을 격려하고, 칭찬하며, 포상하는 반면에, 잘못하는 사람에게는 경고하고, 견책하고, 징벌하며, 아랫사람들을 보호하고, 그들에게 영육으로 필요한 모든 것을 공급하는 것이다. 이 모든 일을 당당하고 현명하며 거룩하게 모범적으로 수행함으로써 하나님께 영광을 돌리고 자신들에게는 명예가 되도록 해야 하며, 그럼으로써 하나님께서 그들에게 부여해주신 권위를 지키는 일"이 가능하게 된다. 따라서 가장은 가정예배모범에서 언급한 것처럼 "자신이 인솔하는 모든 가족들이 공예배에 참석토록 하여 온 가족이 교회의 일원이 되도록 해야"하고, "공예배가 끝나고, 기도한 후에는 그들이 들었던 말씀을 가장이 설명해 주어야"하며, "그 후에 나머지 시간에는 교리교육과 하나님의 말씀에 관한 영적 토론에 할애토록"해야 하는 것이다. 뿐만 아니라, 각 개인들이 따로 떨어져서도 "경건한 독서나 묵상, 개인기도 등을 통해 하나님과의 친밀한 교제를 증진시키도록" 가장으로서 주어진 의무를 다하는 것이 마땅하며, 그렇게 함으로써 비로소 가족구성원 모두가 "공적인 예식의 유익들을 더욱 잘 간직하고 증진시킬 수 있으며, 영생에 이르도록 교화될 수" 있다.

"Family worshipers 3
교리문답을 활용하는 가정예배

정두성 목사

『교리 교육의 역사』 (세움북스) 저자

루터의 가정예배

루터가 처음 쓴 교리교육서인 소교리문답(1529)은 가정예배를 위한 것이었다. 루터는 주일 설교를 잘 이해하지 못하는 어린이들을 위해 부모들이 가정에서 기독교의 핵심 교리를 쉽게 지도할 수 있도록 배려하는 차원에서 소교리문답을 만들었던 것이다. 그런데 루터는 이 소교리문답을 책의 형태가 아니라 한 장의 큰 벽보로 만들어 각 가정에 붙여 놓고 부모와 자녀가 함께 볼 수 있도록 의도했었다. 이에 따라 부모들은 이 소교리문답을 가지고 자녀들에게 사도신경, 십계명, 주기도문을 가르쳤는데, 루터에 의해 시행된 이 가정 교리교육 모임이 곧 종교개혁의 시대에 가정예배의 기본이었다. 그러므로 엄밀히 말하면 루터는 가정예배를 효과적이고 드리기 위해 교리교육서의 사용을 권장했었던 것이 아니라, 오히려 교리교육서를 가지고 자녀들에게 기독교의 핵심 교리를 가르치기 위해서 가정예배의 필요성을 강조한 것이라 할 수 있다. 따라서 루터에게 개신교의 가정예배의 취지는 그 자체로 부모를 통한 교리교육이었고, 가정예배에서 교리교육서의 사용은 처음부터 필수요소였던 것이다.

이처럼 교리교육서를 통해 가정예배를 드리는 것에서 오는 가장 큰 유익은 교리적 기준을 명확하게 세워준다는 점이다. 이는 자칫 성경의 내용이 잘 못 해석되고 적용됨에 따라 나타날 수 있는 오류들과 그 실천을 예방함을 말한다. 즉 실제적으론 예배를 인도하며 말씀을 나눌 책임이 있는 부모의 영적·지적 부담을 줄여 줄 뿐 아니라, 인도자가 중언부언하는 것을 막아주는 효과도 있다. 또한 삶에 대한 나눔에 있어서는 간증하려는 것의 기준을 잡아 줌으로 가족 구성원들이 무분별하게 말씀을 적용하지 않도록 하는 안전망이 되어준다. 아울러 교리교육서를 통한 가정예배는 우리가 일상생활에서 얼마나 하나님의 자녀답게 잘 살고 있는지를 판단하는 성경적이고 교리적인 바로미터(barometer)가 되어 준다. 따라서 그 때에 부모들이 하는 권면도 잔소리가 아니라, 말씀을 잘 적용할 수 있도록 실제적으로 지도해 주는 길라잡이가 되는 것이다.

가정예배에서의 부모들의 모범

하지만 부모가 인도하는 가정예배에서의 교리교육은 자녀들의 신앙생활 점검으로서보다 자녀들에게 모범을 보이는 의미가 더욱 크다. 교리교육서를 통한 가정예배에서는 교리교육서의 암송과 설명에 초점을 맞추기 보다는 삶으로 교리를 실천하는 모습을 부모가 자녀에게 먼저 보여주며, 그 유익들을 함께 나누는 시간으로 갖는 것이 더욱 바람직한 것이다. 특히 주일 예배의 말씀을 통해 전달된 교리를 어떻게 삶에서 실천할 수 있는지를 부모가 자녀에게 실질적으로 보여주면 더욱 좋겠다. 따라서 교리교육서를 통한 가정예배에서 교사로서의 부모는 웨스트민스터 대교리문답(1647)처럼 잘 한 것과 잘 못한 것을 판단하는 판사의 이미지나, 하이델베르크 교리문답(1563)처럼 우리의 신앙을 변호하는 변증가의 이미지나, 칼빈의 제네바 교리문답(1545)처럼 학생들에게 교리적 지식을 체계적으로 잘 정리해 주는 교사의 이미지만이 아니라, 아버지가 자녀를 사랑으로 대하는것 같은 루터의 대교리문답(1529)의 이미지를 적절히 활용할 필요가 있을 것이다.

그러나 '십계명'을 가르치는데 있어서는, 율법을 죄를 깨닫게 하는 용도로 설명한 루터의 대교리문답 보다는 구원받은 자들의 감사의 표현으로 설명한 칼빈의 교리문답, 하이델베르크 교리문답, 웨스트민스터 대교리문답의 설명 방식을 따르는 것이 더욱 적합해 보인다. 다만 루터의 대교리문답이 지닌 이미지를 활용함으로서 가정예배는 교리교육에서 언급하는 의무 사항들을 실천하는데서 오는 부담을 완화하여, 하나님께서 가정과 개인에게 베풀어 주신 은혜에 대한 감사를 어떻게 일상생활에서 구체적으로 나타낼 것인가에 대한 대화를 나누는 시간으로 활용 될 수 있는 것이다.

무엇보다 교리교육서를 활용한 가정예배는 그 형식에 있어서 주일예배의 형식은 말할 것도 없고 구역예배의 형식보다도 더 자유로울 필요가 있다. 예배하면 떠오르는 의식(ceremomy)적이고 경직된 틀을 가능하면 벗을 수 있었으면 하는 것이다. 그 뿐 아니라 교리교육서라고 하는 교재를 사용하는 모임이기에 가정에서의 수업과 같은 부담을 줄 수도 있는데, 자녀들이 그러한 부담 없이 모임에 참여할 수 있도록 하는 창의적인 지혜도 필요할 것이다. 이러한 이유로 교리교육서를 활용한 가정예배는 가족이 함께 저녁 식사를 하면서 삶을 나누는 형식을 취하는 것도 효과적이라 생각된다. 물론 각 가정의 문화와 식사 분위기에 따라 다르므로, 만일 저녁 식사 시간이 좀 어수선할 것이라 판단된다면 식사 후 후식을 하면서 진행하는 것도 나쁘지 않을 것이다. 아울러 함께 나누는 교리교육 지침서가 있어서 식사 모임 전에 가족 구성원 각자가 그 내용의 핵심을 숙지하고 있다면 더욱 좋을 것이다. 그런데 이 때 다루는 교리의 주제는 교리교육서의 문답의 순서를 꼭 따르기 보다는 자녀들에게 조금이라도 친숙한 부분을 다루는 것도 효과적일 수 있다. 여기서 자녀들에게 친숙한 부분이란 교회에서 자주 다루어지거나 쉽게 외울 수 있는 분량의 문답을 말하는 것이 아니라, 오히려 자녀들이 그것을 들은 지 얼마 안 되서 아직 그 내용이 그들의 기억 속에 있을 수 있는 교리를 가정예배의 주제로 삼자는 것이다. 이러한 차원에서 볼 때 가정예배에서 다룰 교리교육서의 주제는 자녀들이 주일학교에서 들은 설교의 핵심 교리가 중심이 되면 더욱 좋을 것이다. 이 때 부모가 자녀들이 주일학교에서 들은 설교의 내용을 미리 알고 교리교육지침서를 통해 기본적인 교리적 기준을 잡고 있다면 훨씬 풍성하고 실제적인 가정예배 모임이 될 것이다. 이를 위해 부모가 자녀들에게 주일학교에서 들은 설교의 본문과 내용을 가정예배 전에 미리 물어볼 수 도 있겠지만, 주일학교 담당 교역자들이 주보에 그 주 설교의 핵심 교리를 적어서 부모들에게 알려주는 수고를 보인다면 훨씬 많은 도움이 될 것이다.

교리교육서를 통한 가정예배

사실 가정예배는 언약의 가정에서 부모와 자녀가 함께 드리는 예배 모임이다. 아울러 언약의 자녀들에게 부모와 같은 신앙유산을 물려주는 가장 좋은 방법이 바로 교리교육서를 통해 가정예배를 드리는 것이다. 이는 부모가 어려서부터 공부해 온 바로 그 교리교육서로 자녀들도 공부하는 것이기 때문이다. 또한 교회의 지도를 받아 가정에서 교리교육서를 통해 가정예배를 드린다는 것은 한 언약 공동체인 교회의 모든 성도들이 각 가정에서 같은 교리적 표준에 의해 성경을 이해하고 적용함을 의미하기도 한다.

무엇보다 사람의 지혜만으로는 이해하기 어렵고 너무나도 신비로운 것이 바로 성경의 진리인데, 이러한 신비를 이해하기 쉽도록 논리적으로 정리한 학습서가 바로 교리교육서다. 그러므로 교리교육서는 주로 어린이와 청소년들을 그 대상으로 한다. 루터는 설교 사역 중 주일에 선포되는 말씀의 신비를 성도들이 잘 이해하지 못한다는 것을 발견했는데, 그래서 그가 고안한 것이 바로 교리설교(doctrinal sermon)였다. 이는 성경의 신비스런 내용을 성도들이 이해할 수 있게 쉽고 논리적인 언어로 풀어서 설교한 것이다. 뿐만 아니라 그렇게 설교한 기독교의 교리를 어린이들까지도 학습할 수 있도록 교리교육서를 만들어 가정에서 부모가 자녀에게 가르치게 했다. 이로보건데 앞에서 언급한 것과 마찬가지로 교리교육서를 통한 가정예배는 각 가정마다 가장이 임의로 택한 내용보다는 주일날 예배나 주일학교에서 들었던 설교를 잘 이해하고 적용하는 방향으로 초점을 맞추는 것이 좋을 듯하다. 따라서 교리교육서를 통한 가정예배에서 가장은 교리교육서의 의미를 스스로 설명하려하기보다는 주일날 선포된 말씀을 각 가정의 상황과 가족 구성원 개인의 삶에 맞춰 어떻게 적용할지를 함께 고민할 수 있도록 인도하는 것이 좋을 것이다. 이를 위해 설교를 하시는 목사나 전도사는 당일 설교에서 말하는 교리적 내용이 신앙고백서나 교리교육서의 어느 부분과 관련이 있는지를 주보에 언급해주면, 가정예배를 준비하는 가장에게 많은 도움이 될 것이다. 이는 또한 주일 예배에서 선포된 말씀이 각 가정에서 적절하게 적용되는 효과를 기대할 수도 있게 할 것이다. 또한 한 교회의 모든 성도들이 같은 말씀을 각 가정에서 적용함으로 동일한 말씀이라도 그 적용과 실천에 있어서는 얼마나 창의적이고 다양하게 적용될 수 있는지를 깨닫게 해주며, 얼마나 실제적인 방법으로 하나님께서 은혜를 주시는지 모든 성도가 직 · 간접적으로 체험하게 되는 것이다. 물론 이 때도 중요한 것은 가정에서 가장이나 혹은 예배 인도 시 가장의 권한을 위임받은 자가 교리교육서의 내용을 통해 말씀의 적용이 무리하게 되지 않도록 잘 지도해 주는 것이다. 그 뿐 아니라 가정예배가 지루하지 않고 생동감 넘치는 유익한 모임이 되려면 자녀들이 그 시간을 부담스러워 하지 않고 재미있어하면서도 유익하게 여길 수 있도록 부모들의 창의적인 노력들이 많이 요구된다. 이를 위해 주일에 부모들이 모여 함께 아이디어를 모으는 모임도 활성화 할 필요가 있을 것이다. 뿐만 아니라 교회에서는 가정예배를 인도하는 구체적인 방법들을 가르치고 나누는 부모교육의 시간을 마련하여 운용하는 것도 필요하다.

참고로, 스코틀랜드 가정예배모범(The Directory of Family Worship, 1647)은 가정예배의 목표와 취지를는교회의 모든 목사들과 사회에서 다양한 직업을 가진 모든 성도들이 경건의 능력과 실천을 중요하게 여길 뿐 아니라 그것을 발전하게 하며, 반면에 불경건한 모든 것과 신앙생활을 업신여기는 것들을 막기 위함이다. 또한 둘째로는 신앙생활을 한다고 하면서 나타나는 잘못들과 분열 등을 막고, 공동예배나 교회의 사역을 깨뜨리는 일들을 막기 위함이라고 밝히고 있는데, 앞서 언급한 내용들에 근거할 때 교리교육서를 통하여 가정예배를 잘 드리게 되면 이 가정예배모범의 목표와 취지에 부합하는 결과도 분명 기대 할 수 있을 것이다.

교리교육과 가정예배의 현실

사실 루터교회는 루터의 대교리문답을, 화란을 중심으로 한 개혁교회는 하이델베르크 교리문답을, 장로교회는 웨스트민스터 대 · 소 교리문답을 각 각 교단의 표준 교리교육서로 채택하고 있다. 실제로 개혁교회에서는 청소년들이 입교하는 17,18세의 나이가 될 때까지 약 6년 정도 방학을 제외하고 매주 한 시간씩 담당 목사와 하이델베르크 교리문답을 공부하는 것을 원칙으로 하고 있다. 그리고 고학년에서는 벨직 신앙고백서(1517)와 도르트 신조(1619)가 함께 가르쳐진다. 개혁교회에 속한 모든 청소년들이 이러한 지속적인 교리교육의 시간을 갖기에 이들이 세례를 받을 때쯤에는 하이델베르크 교리문답의 내용을 거의 암기할 정도의 수준이 된다고 한다. 반면에 장로교회에서는 어린이와 청소년들을 위한 이러한 교리교육이 제도화 되어 제대로 실행되고 있지 못하다. 특히, 현재의 한국 장로교회는 청소년들이 감당해야 하는 공교육 학습에 대한 부담 때문에라도 주중에 목사가 학생들과 고정적으로 만나 교리교육을 할 수 있는 상황조차 되지 못하는 실정이다. 그러한 문제를 해결하기 위해서는 주일학교에서 철저한 교리교육을 시켜야 하며, 아울러 가정에서 부모들이 가정예배를 통해 교리교사의 역할을 충실히 감당해야만 한다. 반가운 것은 올해 종교개혁 500주년을 맞아 주일학교 교육 과정에 웨스트민스터 소교리문답서를 통한 교리교육을 시도하고자하는 현상들이 점치 확산되고 있다는 점이다. 그러나 그것만으로는 부족하다. 자녀들의 신앙교육을 위해서는 목사와 부모가 반드시 함께 사역해야 한다. 교회당에서는 목사가, 가정에서는 가장인 부모들이 신앙교육으로서의 목회사역을 감당해야만 하는 것이다. 최근 다음세대(Next Generation)를 세워야 한다는 말들을 많이 듣는데, 그러나 교회 주일학교 행사나 연합수련회 같은 이벤트성 행사들을 통해서는 절대적으로 불가능하다. 다음세대인 자녀들에 대한 언약적 책임을 맡고 있는 부모들이 실제적으로 움직여주어야지만 사실상의 신앙교육이 가능하다. 주일에 선포되는 말씀의 순수한 적용이 교리교육서를 통한 가정예배에서 다시 복습되어야만 하는 것이다. 그러므로 언약의 자녀들에게 부모와 동일한 신앙유산을 물려줄 수 있는 가장 좋은 방법은 부모(특히 '가장')가 교리교육서를 통해 가정예배를 인도하며 삶으로서 모범을 보여주는 것에 있음을 결코 잊어서는 안 될 것이다.

IX 기도할 수 있는 자는 누구나 그러한 하나님의 은사(gift of God)를 사용해야 한다. 비록 무례하고 연약한 자라 할지라도 정해진 형태로 기도할 수 있겠지만, 그것만으로 족하다고 생각하여, 모든 하나님의 자녀들에게 주어진(그들이 매일 활용할 수 있는) 기도의 영(the spirit of prayer)을 깨우는 일을 게을리 해서는 안 된다. 그들은 오히려 하나님께 더욱 간절하고 은밀하게 기도(secret prayer)를 드리며, 그들의 가정을 향한 하나님의 합당한 뜻이 무엇인지를 마음에 떠올려 신속히 입으로(their tongues) 아뢸 수 있도록 해달라고 간절하게, 또한 수시로 기도해야 한다.

스코틀랜드 장로교회는 기본적으로 로마 가톨릭 신앙에 대한 개혁과 더불어 감독주의(성공회)에 대한 반대 가운데서 장로교회의 독특성을 확립하는 방식의 종교개혁을 이루어 나갔다. 그러나 스코틀랜드와 잉글랜드에서 역대의 왕들은 대부분 왕권에 종속하는 교회제도로서의 감독제를 원했는데, 스코틀랜드에서는 1584년에 "암흑법"(Black Acts)에 따라 교회에는 왕이 임명한 감독 주교들(episcopal bishops)이 있어야 하고, 목사들은 공적인 문제들을 논의함으로써 반역죄를 범하지 말아야 한다고 선언했으니, 1587년에는 로마 가톨릭 체제 가운데서 교회가 지니고 있던 재산들을 모두 왕에게 귀속시키는 "교회 재산 폐기법"(Act of Revocation)이 발의되어 왕에게 막대한 재산이 돌아가기도 했다.[87]

---

87) 서요한, 『언약사상사』, 130.

그러나 이처럼 강성해진 왕권을 바탕으로 1637년 찰스 1세 때에는 켄터베리의 대주교인 윌리엄 로드(William Laud, 1633~45 재위)의 지원 가운데 국교회 예식서인 "로드 예식서"(Laud's Liturgy 또는 the Book of Common Prayer, and Administration of the Sacraments)를 스코틀랜드 전역에서 사용토록 함으로써, 잉글랜드와 스코틀랜드 전체의 예배와 종교를 강제로 통일하여 개신교도들을 억제코자 했다. 하지만 찰스 1세의 감독교회적인 정책에 대한 개신교의 강력한 반대와 저항으로, 1638년에 왕과 국민들 사이에 '국민 계약'(National Covenant)을 체결함으로써 감독주의적인 기도서를 거부했다.[88]

기도서(예식서)에 근거하는 기도

기도에 있어서 로마 가톨릭은 기본적으로 '형식주의적'인데 "아베 마리아"(Ave Maria)의 기도는 대표적인 예로써, 로마 가톨릭 성당, 학교, 그리고 신자 개인의 시간에 이르기까지 일종의 공덕을 쌓기 위한 형식적인 기도문을 반복하는 것이 특색이다. 특별히 매 시간마다 읽는 "성무일도"(Breviarium Romanum)는 로마 가톨릭의 기도형식을 단적으로 보여준다. 이 성무일도는 "사제에 의해 주도되며, 하루 중 정해진 시간과 장소에서 실시하는 것으로서 미사의 부요함을 인간 생활의 모든 시간으로 흘려보내고 퍼져 나가게 하는 필수적인 보조 수단"으로 간주된다.[89]

---

88) 앞의 책, 133-4.
89) http://cafe.daum.net/ofsthoma.

한편, 로마 가톨릭의 기도서(예식서)와는 다소 차이가 있지만 예식서에 근거하여 기도하는 것은, 영국 성공회(Anglican Communion)의 경우에도 마찬가지다. 성공회의 경우도 1549년에 캔터베리 대주교 토마스 크랜머(Thomas Cranmer, 1489-1556)에 의해 "공중 기도의 책"(The Book of Common Prayer)이 집성되어 잉글랜드 전역에서 사용되도록 한 것이다. 일반적으로 영국 성공회의 기도서는 고전 라틴어로 된 로마 가톨릭의 기도서를 영어로 번역하여 공중 기도문으로 활용할 수 있도록 한 것으로서, 성무일도를 비롯한 각종 기도문들을 하나로 통합하여 영국의 예배형식과 기도를 일치시키려는 의도로 작성된 것이다.[90] 그러나 로마 가톨릭에서의 기도서 사용과 영국 성공회에서의 기도서 사용은 약간의 차이점이 있기는 하지만, 기본적으로 정해진 예식에 따라 기도하는 형태라는 공통점에 있어서는 동일하다.

그런데 칼뱅의 제네바 신앙문답서(1541)에서는 제35장에서 "참된 기도"에 관해 다루고 있으니, 제240문에서 이르기를 "혀(말)로만 기도하는 것으로 충분합니까? 아니면 기도는 또한 이성과 마음도 요구됩니까?"[91]라고 물은 뒤에 답하기를 "혀는 사실상 항상 필요한 것은 아닙니다. 그러나 이해와 (하나님에 대한) 사랑의 감정이 없는 기도는 참 기도가 될 수 없습니다."라고 하여, 참된 기도의 본질이 혀(말)의 사용이 아니라 "이해와 (하나님에 대한) 사랑의 감정"에 있음을 밝히고 있다. 이에 따라 제네바를 비롯한 종교개혁의 도시들 가운데서는 기도문을 사용하여 기도하는 것을 찾아볼 수가 없었다.

---

90) http://blog.naver.com/gregory77/20100011979.
91) 황재범, 『개혁교회 3대 요리문답』, (서울: 한들출판사, 2013), 258-9.

그러나 1553년에 로마 가톨릭 신앙을 숭상하는 메리(Mary I, 1516-1558)가 잉글랜드의 왕위에 오르면서는 1549년의 공중기도의 책은 금지되고, 오히려 헨리 8세(Henry VIII, 1491-1547) 때에 사용되었던 로마 가톨릭의 예식서가 다시 공표되어 사용되도록 했다. 하지만 메리 여왕의 뒤를 이어 엘리자베스(Elizabeth I, 1533-1603)가 왕위에 오르면서 다시 1549년에 제정된 공중기도의 책을 사용토록 했다가, 1645년에 청교도들에 의해 잉글랜드가 장악되었던 때에 비로소 모든 기도서의 사용이 폐지되기에 이르렀지만, 1660년에 군주제로 복귀한 후에는 또 다시 공중기도서가 사용되어 영국 성공회 안에서 현재까지 사용되고 있다.

가정예배모범(regulum)에 근거하는 기도

스코틀랜드를 비롯한 개혁된 신앙 가운데 세워진 장로교회들에서는 로마 가톨릭이나 성공회와 같이 예배 때에 기도서를 사용하는 것을 거부했다. 비록 로마 가톨릭과 같이 그 뜻과 의미를 전혀 알 수 없는 고전 라틴어로 된 기도문을 사제가 낭독하는 식의 기도는 아닐지라도, 여전히 사제를 중심으로 하여 하나로 통일되고 정형화 된 기도의 방식은 참되고 경건한 예배의 요소를 이룰 수 없는 것이기 때문이다.

칼뱅의 제네바 신앙문답서(1541)는 제243문에서 "기도에 있어야 하는 사랑의 감정이란 과연 어떤 것입니까?"[92]라고 물은 뒤에 답하기를, "첫째 우리가 우리의 결핍과 비참함을 느끼고 있으며, 또한 이

---

92) 앞의 책, 259.

느낌으로 인하여 우리는 진심으로 슬퍼하고 번민해야 합니다. 둘째로, 우리는 하나님으로부터 은혜를 얻고자 하는 진실하고도 열정적인 욕구로 불타올라야 합니다. 하나님께서도 또한 우리에게 기도하고자 하는 염원을 불러일으켜 주실 것입니다."라고 말한다. 또한 이어지는 제244문에서는 "저 감정(사랑의 감정)은 사람의 천부적인 성격으로부터 흘러나오옵니까? 아니면 하나님의 은혜로부터 흘러나옵니까?"라고 물은 뒤에 답하기를, "하나님께서 우리를 도우러 오셔야만 합니다. 위(제243문)에서 말한 두 가지 경우에 있어서 우리는 아무것도 할 수 없기 때문입니다. 다만 성령께서는 말로 표현할 수 없는 신음을 우리에게서 일으켜 주시고, 우리의 마음을 기도함에 있어서 요구되는 간절한 마음으로 바꾸어 주실 수 있습니다.(롬 8:26; 갈 4:6)"라고 했다.

이처럼 참된 기도란 사람의 천부적인 성격으로부터 흘러나오는 것이 아니라 하나님의 은혜로부터 흘러나오게 되는 것이기에, 우리의 결핍과 비참함을 느끼고 이로 인하여 진심으로 슬퍼하고 번민하는 것에서부터 시작하는 것이다. 그리고 그러한 사랑의 감정은 결국 "하나님께서 우리를 도우러 오셔야만"하는 것이며, 그러므로 우리들은 성령님께서 우리 마음을 간절하게 하시는 가운데서 비로소 참된 기도를 드리게 되는 것이니, 그러한 도우심과 별도로 통일되고 정형화 된 기도의 방식이 요구될 수 없는 것이다.

그런데 웨스트민스터 소교리문답 제98문을 보면, "기도란 하나님의 뜻에 합당한 것들에 대한 우리의 소원을, 그리스도의 이름으로, 우리의 죄를 고백하면서, 그리고 하나님의 크신 사랑을 감사하게 인정하면서, 하나님께 올려 바치는 것입니다."[93]라고 했다. 그리고 이어지는 제99문에서는 하나님께서 기도에 있어서 우리를 가르쳐 주시기 위한 모범으로 주신 '주기도문'을 언급하여 이르기를 "하나님의 말씀 전체가 기도에 있어서 우리를 가르쳐주는 데에 유용합니다. 그러나 기도의 교육에 있어서 특별한 모범은 그리스도께서 그의 제자들에게 가르치신바 일반적으로 '주기도문'이라고 일컫는 기도 형식입니다."라고 언급하여, 참된 기도를 위한 모범(regulum)을 제시하고 있다. 이는 하이델베르크 교리문답(The Heidelberg Catechism, 1563)에서도 마찬가지로, 제118문의 "하나님께서는 우리가 그에게 무엇을 구하도록 명하셨습니까?"[94]라는 물음에 대해, "영혼과 몸을 위하여 필요한 모든 것(약 1:17; 마 6:33)인데, 이는 주님이신 그리스도께서 몸소 우리에게 가르치신 기도문(주기도문)에 포함되어 있습니다."라고 답하고 있다.

이처럼 기도서(예식서)에 따른 로마 가톨릭이나 성공회의 기도와 다른 장로교회들의 기도는 정형화 된 기도서와 같은 정해진 형식이 아니라, 성경과 주님께서 가르쳐 주신 기도(주기도문)의 모범과 같은 특별한 형식을 따라 기도하도록 하고 있다. 즉 정해진 문구(text)가 아니라 형식(모범)에 따라 하나님에 대한 깊은 이해와 사랑의 감정으로 하는 것이 바로 참된 기도인 것이다.

---

93) 앞의 책, 151.
94) 앞의 책, 81.

가정예배모범이 제시하는 기도의 제목들

제네바 신앙문답이나 하이델베르크 교리문답, 그리고 웨스트민스터 소교리문답에 이르기까지 거의 모든 교리문답(Catechism)들은 기도에 관한 간단한 정의와 더불어서 그 모범으로 주님이 가르쳐 주신 기도(주기도문)에 대해 구체적으로 설명하여 살피도록 한 것을 볼 수 있다.

그런데 교리문답서들이 주님이 가르쳐 주신 기도를 자세히 설명하고 있는 것은, 그것이 기도에 관한 정해진 문구가 아니라 모범(regulum)이라는 사실을 반영하고 있다. 즉 그러한 요소(혹은 부분)들을 생각하여 확신 가운데서 기도하라는 것이 주님이 가르쳐 주신 기도의 취지인 것이다. 그러므로 거의 모든 교리문답서들이 주님이 가르쳐 주신 기도의 구체적인 내용을 살피면서, 그것에 담긴 의미들을 더욱 광범위하게 확장하여 설명하고 있는 것을 볼 수가 있는 것이다.

한편, 스코틀랜드의 가정예배모범에서는 주님이 가르쳐 주신 기도를 직접 언급하고 있지 않다. 오히려 기도할 내용에 대해 일곱 가지의 간략한 주제들을 언급하여, 구체적으로 기도할 것들이 무엇인지를 언급하고 있다.

"기도에 관해서는 다음과 같은 내용들을 생각해보고 이를 따라서 기도하도록 하자."

"우리가 하나님의 존전에 얼마나 합당치 못하며, 그의 위엄에 합당한 경의를 표하기에 얼마나 부족한가를 고백해야 한다, 그러므로 하나님께 기도의 영을 간절히 구하도록 한다."

웨스트민스터 소교리문답 제98문의 "기도란 무엇입니까?"라는 질문에 대한 답변은 "기도란 하나님의 뜻에 합당한 것들에 대한 우리의 소원을, 그리스도의 이름으로, 우리의 죄를 고백하면서, 그리고 하나님의 크신 사랑을 감사하게 인정하면서, 하나님께 올려 바치는 것"[95]이다. 여기서 우리들의 주의를 기울여볼 필요가 있는 언급이 바로 "기도란 하나님의 뜻에 합당한 것들"에 대해 행하는 것이라는 점인데, 웨스트민스터 소교리문답은 기도란, "하나님의 뜻에 합당한 것"이어야 한다고 전제하고 있다.

그런데 우리들은 늘 기도에 앞서 우리가 하나님께 나아가기에 얼마나 부족한 존재인지를 자백하지 않을 수 없다. 우리들 자신만으로는 도무지 하나님의 존전에 나아가 하나님의 위엄에 합당한 경의조차 표할 수가 없는 것이다. 그러므로 결국 우리들은 모든 기도에 앞서 "하나님께 기도의 영을 간절히 구하"게 될 수밖에 없는 것인데, 이와 관련하여 웨스트민스터 신앙고백 제21장 3항은 고백하기를 "그리고 기도가 받아들여지게 하기 위해서는 성자의 이름으로, 성령의 도우심에 의해서, 하나님의 뜻에 따라서"해야 한다고 했다. 한마디로 하나님의 뜻에 따라서 성자의 이름으로 하는 기도는, 기도의 영이신 성령님의 도우심에 의해 가능하게 되는 것이라는 점에서 무엇보다 "하나님께 기도의 영을 간절히 구하"는 것이 가장 먼저 요구

---

95) 앞의 책, 151.

되는 것이다. 따라서 기도란, 우리에게 있는 심정을 가지고서 하나님께 나아가 털어놓는 것이 아니라, 기도의 영이신 성령님의 도움으로 하나님의 뜻에 합당하게 아뢰어 하나님께 올려 바치는 것이라는 사실을 분명하게 기억해야 한다.

> "우리는 우리의 죄와 가족들의 죄, 비방과 판단과 정죄와 같은 것들을 고백하며, 우리의 영혼이 진정한 겸손에 이르도록 회개해야 한다."
>
> "우리는 우리 영혼을 그리스도의 이름과, 성령으로 하나님 앞에 쏟아놓고, 죄 사함과, 은혜로 회개함과, 믿어, 온전해지고, 의롭고 경건하게 살 수 있도록 해달라고 간절히 구해야 한다. 또한 기쁨과 즐거움으로 하나님을 섬기며, 하나님 앞에 나아갈 수 있도록 해달라고 간구해야만 한다."

　모든 기도에 앞서 "하나님께 기도의 영을 간절히 구하"게 될 때에, 이어지는 우리의 기도의 반응은 '회개'다. 모든 공적인 예배에 있어 하나님 앞에 죄를 자복하고 회개의 기도를 하는 것이 앞부분에 자리하는 것과 같이, 가정에서의 예배에서도 회개의 기도는 여러 기도제목들에 앞서 요구되는 것이다. 그리고 이는 하나님께 기도의 영을 간절히 구함으로 말미암아 성령님의 도우심 가운데 있게 될 때에 이어지는 자연스러운 것이기도 하다. 웨스트민스터 신앙고백에서 "회개가 죄에 대한 어떤 만족으로서, 혹은 죄 용서의 어떤 원인으로서 믿어져서는 안 되고, 그것은 그리스도 안에서 하나님의 값없는 은혜의 행위"[96]라고 한 것에서 단적으로 확인할 수 있듯이, 회개는 성령

---

96) 웨스트민스터 신앙고백 제15장 3항.

님으로 말미암는 은혜의 결과인 것이다. 또한 그러한 회개는 포괄적으로 기도하는 것이 아니라 최대한 구체적으로 해야 마땅하니, 가정예배모범에서 언급하는바 "우리의 죄와 가족들의 죄, 비방과 판단과 정죄와 같은 것들" 뿐 아니라 "우리 영혼을 그리스도의 이름과, 성령으로 하나님 앞에 쏟아놓고, 죄 사함과, 은혜로 회개함과, 믿어, 온전해지고, 의롭고 경건하게 살 수 있도록 해달라고 간절히 구해야" 마땅한 것이다. 그처럼 우리의 회개가 최대한 구체적이며 실제적으로 이뤄질 때에, 우리의 심령은 더욱 평안하게 하나님께 나아가게 되기 때문이다.

> "우리는 하나님께서 우리 자신과 모든 그의 백성들에게 그리스도 안에서 베푸신 많은 자비와 복음의 빛에 대한 그의 사랑으로 인해 하나님께 더욱 감사해야 한다."
>
> "우리는 건강하거나 병들거나, 번창하거나, 역경 가운데서나 (아침이건 저녁이건 간에) 모든 필요를 따라, 영적으로나 현세적으로나 특별한 유익을 주시도록 기도해야 한다."

"하나님께 기도의 영을 간절히 구하"며 하나님 앞에 죄를 자복하고 회개의 기도를 하게 될 때에, 이어지는 기도 가운데서 신자들은 "우리 자신과 모든 그(하나님)의 백성들에게 그리스도 안에서 베푸신 많은 자비와 복음의 빛에 대한 그의 사랑으로 인해" 하나님께 감사하게 된다. 우리가 하나님께 구하며 기도할 것에 관해 기도의 영이신 성령님의 도우심이 필요하듯이, 그로 인한 회개와 "감사의 기도" 또한 성령님의 도우심으로 말미암은 자연스런 반응이라 할 수 있는 것이다.

감사의 기도는 성령님의 도우심으로 말미암아 회개 가운데서 우리에게 "그리스도 안에서 베푸신 많은 자비와 복음의 빛에 대한 그의 사랑으로 인해" 하게 되는 것이라는 점에서, 역시 하나님께 간절히 구한 기도의 영으로 말미암은 것이라는 점을 기억해야 한다. 그런데 시 119:18절에서 시인이 "내 눈을 열어서 주의 율법에서 놀라운 것을 보게 하소서"라고 말한 것처럼, 우리의 기도(회개와 감사)는 말씀을 이해하며 그것을 바탕으로 삶에 적용하는 것을 통해 더욱 풍성하게 된다. 그러므로 말씀을 바르게 이해하고 깨닫는 것 가운데서 우리의 감사의 기도 또한 확실히 풍성하고 적확한 것으로 고해지는 것이다. 그러므로 우리의 기도에는 늘 성경 말씀이 바탕이 되며, "기도의 영"이라고 할 때에 그 또한 성경 말씀과 긴밀히 연계된 것이라는 사실을 아울러 기억해야 할 것이다. 또한 우리들은 기도의 영 가운데서 회개와 감사의 기도를 바탕으로 더욱 구체적이고도 적절한 때에("건강하거나 병들거나, 번창하거나, 역경 가운데서나") 구할 것들을 구하며 기도하게 되는데, 영적인 것들만이 아니라 현세적인 것들에 이르기까지 모든 것들을 구하는 기도를 할 수가 있는 것이다. 특별히 말씀을 바탕으로 기도한다고 할 때에, 우리의 현세적인 필요뿐 아니라 영적인 필요를 위해 기도하는 것은 지극히 당연하게 요구되는 것이라 할 것이다.

> "우리는 일반적으로 그리스도의 교회와, 모든 개혁교회들, 특히 자신들이 속한 지역교회들(kirk in particular)을 위해 기도해야 한다. 그리고

그리스도의 이름으로 인해 고통을 당하는 모든 자들을 위해 기도해야 한다. 아울러 모든 지도자들(superiors)과, 왕의 위엄(king's majesty)과, 왕비와, 그들의 자녀들을 위해, 수령들(magistrates)과 목사, 그리고 교회(congregation)의 모든 회원들과, 또한 타당한 이유로 참여하지 못한 이웃들을 위해서도 마찬가지로 기도해야 한다."

이러한 언급들은 마치 교회당에서 이뤄지는 공적인 예배에서의 기도를 다루고 있는 듯 보이지만, 스코틀랜드 가정예배모범에서는 교회와 가정을 연계하는 기도의 내용으로서 구체적인 기도에 관한 언급을 해주고 있는 것이다. 그러므로 앞선 기도에 관한 언급 가운데서 "모든 필요를 따라, 영적으로나 현세적으로나 특별한 유익을 주시도록 기도해야 한다."고 한 말은, 단순히 가정에서의 필요와 유익을 위해서만 요구되는 것이 아니라 교회(그리스도의 교회인 모든 개혁교회들과, 특히 자신들이 속한 지역교회들)와 위정자(爲政者)들을 위해서도 마땅히 요구되는 것이다.

이러한 기도의 언급을 통해 우리들은 스코틀랜드 가정예배모범이 다루는 가정예배의 바탕이, 단순히 각 가정의 안녕과 평안을 위하도록 하는 것만이 아니라 전체 교회로서의 공교회(Catholic Church)적인 교회관을 바탕으로 하고 있음을 볼 수가 있다. 따라서 가정예배는 교회의 축소적인 형태이며, 사도신경을 통해 고백하는 "거룩한 공교회"로서의 교회를 이루는 가장 기초적인 공적 교회의 형태로서 예배를 시행하는 것이라는 사실을 파악할 수가 있는 것이다. 이는 웨스트민스터 신앙고백 제21장 6항에서 언급하는 "기도나, 경건한 예배의 어떤 다른 부분도, 이제 복음 아래서, 그것이 시행되거나, 혹은 그것이 향하도록 지시된, 장소에 매여 있거나, 그 장소에 의해 더 받아들여지게 되는 것은 아니다. 하나님께서는 신령과 진리로 어디서나 예배되어야 한다."는 고백에 연계되는 것으로서, 그러한 경건한 예배 가운데서의 기도로서 합당한 기도의 제목은 단순히 각 가정에 국한되는 것이 아니라 공교회적인 것으로 적용되며, 그렇게 하여 신자들은 어디서나(교회당에서뿐 아니라 각 가정에서) 하나님을 신령과 진리로 예배드리게 되는 것이다.

> "하나님의 아들의 왕국이 임하며 그의 뜻이 이룰 때에 하나님께 영광이 돌려지기를 간절히 소원함으로 기도하며, 아울러 우리의 기도가 응답되었음을 확신하고, 하나님의 뜻을 따라 구한 것들이 모두 이루어질 것을 굳게 믿음으로 기도를 끝마쳐야 한다."

우리는 기도에 있어 특정한 장소에 매이지 않고 어디서나 신령과 진리로 기도함으로서 개인적으로나 가정으로 하나님께 예배드리게 된다. 그러므로 우리들이 기도를 함에 있어서 항상 교회에서 공적으로 기도하는 것과 동일한 모습과 내용을 가져야만 하는 것이다. 오늘날에는 교회에서의 공적인 기도 외에 개인적으로나 가정에서 기도하는 것을 가볍고 빈약하게 여기는 경우를 볼 수 있지만, 기본적으로 모든 기도는 기도의 영 가운데 공적으로 드리는 것과 같다는 사실을 기억해야한다.

그런데 스코틀랜드 가정예배모범에서는 "하나님의 아들의 왕국이 임하며 그의 뜻이 이룰 때에 하나님께 영광이 돌려지기를 간절히 소원함으로" 기도하도록 하고 있다. 마치 주기도문의 "아버지의 나라가 오게 하시며, 아버지의 뜻이 하늘에서와 같이 땅에서도 이루어지게 하소서"라는 문구와 유사하게 말이다. 그러한 주기도문의 둘째 간구에 담긴 기도의 구체적 내용에 관해서는 하이델베르크 교리문답[97]에 이르기를 "이는 "주의 말씀과 성령으로 우리를 다스리사 우리가 더욱더 주께 굴복하게 하시며, 주의 교회를 보존하시고 흥하게 하시며, 또한 주의 나라가 완성되어 주께서 만유의 주로서 만유 안에 계시기까지, 마귀의 일들과, 주를 대적하여 높이 오르는 모든 권세들과, 또한 주의 거룩한 말씀을 대적하는 모든 악한 도모들을 멸하시옵소서"라는 것"이라고 했다. 마찬가지로 웨스트민스터 소교리문답[98]은 "사탄의 나라가 파괴되며, 은혜의 나라가 확장되어 우리들과 다른 사람들이 거기로 들어가서 거기에 거하게 하시고, 영광의 나라가 속히 오소서"라고 기도하는 것이 바로 주기도문의 둘째 간구의 내용임을 설명하고 있다.

그렇다면 왜 우리들은 그처럼 기도해야 하는 것일까? 하나님의 작정과 섭리에 따라 주권적으로 모두 이루어질 일들을 왜 우리들이 그렇게 되도록 기도해야 하는 것일까? 이에 대해서는 웨스트민스터 신앙고백[99]에서 잘 설명해주고 있다. 즉 "그리스도께서는 심판의 날이 있을 것을 모든 사람들의 죄를 막기 위해, 그리고 그들의 역경 가운데서 경건한 자들에 대한 더 큰 위로를 위해, 우리로 확실하게 확신케 하셨던 것같이, 마찬가지로 그는 그들이 모든 육신적인 방심을 떨쳐버리도록, 주께서 어느 때에 오실지 그들이 알지 못하기 때문에, 항상

---

97) 제123문답.
98) 제102문답.
99) 제33장 3항.

깨어 있도록, 오소서 주 예수여, 속히 오소서, 아멘 하고 말할 수 있도록, 항상 준비되어 있도록, 그날을 사람들에게 알려지지 않게 하셨다."고 했다. 따라서 신자들은 각 가정에서 그러한 자세로 주기도문의 둘째 간구의 내용을 가지고 구체적으로 기도해야 하는 것이다.

한편 스코틀랜드 가정예배모범에서는 기도에 관한 지침들 가운데서 최종적으로 이르기를 "우리의 기도가 응답되었음을 확신하고, 하나님의 뜻을 따라 구한 것들이 모두 이루어질 것을 굳게 믿음으로 기도를 끝마쳐야 한다."고 했다. 그러므로 우리들은 어찌될지 모르는 기도의 제목들로 확신 없는 기도를 드리는 것이 아니라, 기도한 내용들이 반드시 이루어지는 것을 확신하는 가운데 기도를 드려야 하는 것이다. 이는 모든 기도의 시작에서 "기도의 영"을 구하는 기도로 시작하는데 따르는 결과로서, 하나님께서 은혜 가운데 부어주시는 기도의 영으로 말미암아 회개와 감사의 기도, 그리고 하나님의 뜻이 이루어지며 하나님의 나라가 임할 것을 구하는 일련의 기도는 바로 기도의 영 가운데서 가능하며 확신하게 되는 것이라 하겠다.

이처럼 개혁교회로서의 장로교회에 속한 신자들의 기도란, 교회에서의 공적인 기도이거나 가정에서, 혹은 개인적으로 드리는 기도이거나 간에 성경 말씀을 바탕으로 하여 "기도의 영" 가운데서 하나님께서 주권적으로 이루시는 일들에 관해 확신을 가지고서 하는 전인적(全人的)인 것이라는 점에서, 로마 가톨릭이나 성공회의 기도문을 읽음으로서 시행하는 기도와 근본적으로 다른 것이다. 아울러 그처럼 정해진 문구 가운데서 기도하는 것이 아닐지라도, 마땅히 구할 합당한 기도의 내용들이 무엇인지에 관해 충분히 숙지하여 온 마음으로 기도하는 것이 합당한 기도의 자세인 것이다.

X (가정예배의) 이러한 훈련들은 미루는 일이 없이 성실하게, 모든 세상적인 일들로 인해 방해됨이 없이 시행되도록 해야 하며, 무신론자들이나 경건치 못한 자들의 조롱에 대해서는 이 땅에 대한 하나님의 큰 자비와 그가 우리에게 행하신 혹독한 교정을 생각할 때에 결코 그에 굴할 수 없는 것이다. 그리고 이를 위해, 교회의 모든 지도자들(all elders of the kirk)은 자신의 가족들을 부지런히 독려하여 가정예배를 드리도록 할 뿐만 아니라, 자신들이 돌보아야할 책임이 있는 다른 가정들에서도 가정예배를 드리도록 권장하고 시행토록 해야 한다.

가정예배와 신자 개인의 경건생활에 있어 가장 큰 대적은 우리들 자신의 게으름이다. 그러므로 가정예배모범에서는 게으름에 대해 경계토록 하고 있다. 아울러 가정예배를 통해 이뤄지는 경건의 훈련들을 "미루는 일이 없이 성실하게" 시행하도록 할 뿐만 아니라 "세상적인 일들로 인해 방해됨이 없이 시행되도록 해야"한다고도 말한다. 그런데 이 두 가지 요인들은 긴밀히 연계된 것으로서, 세상에서의 거의 모든 일상적인 일들이 경건의 훈련을 수행하는 일에는 오히려 방해가 됨을 말한다. 또한 그로인해 가정예배의 훈련들이 빈번하게 미뤄지기 쉽다는 점에서 그 두 가지는 서로 긴밀하게 연계되어 있는 것이다. 실재로 스코틀랜드와 잉글랜드의 역사에서는 그러한 가정예배와 신자 개인의 경건생활을 방해하여 게으르도록 하려는 공식적인 조치들이 이뤄졌었는데, 전혀 성경적인 근거를 갖지 못하

는 로마 가톨릭의 예전(sacrament)과 전통을 일방적으로 따르도록
함으로서 율법주의적인 신앙생활을 하도록 하려는 조항들(퍼스의 5
개 조항)과, 주일성수를 비롯한 순수하게 개혁된 신앙생활을 흐트러
뜨리려는 의도에서 공표된 책(오락의 책)이 바로 그것이다.

퍼스(Perth)의 5개 조항들 [100]

　웨스트민스터 신앙고백 제19장은 "하나님의 율법에 관하여" 다루
고 있는데, 그 가운데 2항은 이르기를 "아담이 타락한 후에, 이 율
법은 의에 대한 완전한 규칙으로 계속 존재하게 되었다"고 했으며,
특별히 십계명에 대해 이르기를 "처음 네 계명은 하나님께 대한 우
리 의무를 포함하고 있고, 나머지 여섯 계명은 사람에 대한 우리 의
무를 포함하고 있다."고 했다. 그러나 이어지는 3항에서 "하나님께
서는 일반적으로 도덕법이라 불리는, 이 율법 외에도 미숙한 교회로
서, 이스라엘 백성에게 몇 가지 모형적인 의식들이 포함되어 있는,
의식법을 주셨"다고 하면서 "모든 의식법들은, 신약 아래서, 이제
폐지되었다."고 명백히 밝히고 있다.

　그러나 잉글랜드와 스코틀랜드의 통합 왕이 된 제임스 I세(James I,
1566-1625)는 헨리 VIII세(Henry VIII, 1491-1547)에 의해 수립된 영
국 국교회의 교회체제를 따라 "주교가 없이는 국왕도 없다."는 입장
이었는데, 그러한 영국 국교회의 신앙형태는 로마 가톨릭의 여러 제
도들을 대부분 그대로 수용하고 정치적으로만 로마 가톨릭의 체제
가운데서 분리하는 성격이었다. 그러므로 웨스트민스터 신앙고백

---

100) 김영규, 『엄밀한 개혁주의와 그 신학』, (서울: 도서출판 하나, 1998), 57-67 참조.

에서 고백된 율법에 관한 이해와 영국 국교회의 율법에 관한 인식은 상당한 차이가 있었으니, 대표적으로 제4계명에 대한 이해에 있어서 웨스트민스터 신앙고백을 채택하는 스코틀랜드 장로교회가 제4계명을 도덕법으로서는 유효하되 의식법으로서는 유효한 것이 아니라고 봄에 따라 로마 가톨릭의 여러 예식들을 배척한데 반해, 영국 국교회에서는 로마 가톨릭의 대부분의 예식들을 그대로 수용하고 있었다. 그리하여 1618년에 제임스 왕은 퍼스(Perth)에서 왕명으로 결정한 5개의 조항을 모든 목회자들에게 시행하도록 강요했다.

퍼스에서 결정된 5개의 조항들에는 "성례(세례와 성찬)를 무릎을 꿇고 받도록 할 것, 병자에게 사적으로 성례를 집행하며 필요에 따라 사적으로 세례를 시행하는 것의 허용" 외에 "이미 세례 받은 어린아이들은 주교에게 데리고 가서 견신례(Confirmation)와 주교의 축복을 받을 것, 크리스마스, 부활절, 성령 강림절, 승천절을 지킬 것" 등이 포함되어 있어, 신약 아래서 폐지된 의식법에 속한 것들을 따르도록 함으로써, 성경에 기록된 도덕법의 교훈들과 의무를 대체하는 율법주의적이고 미신적이기까지 한 로마 가톨릭의 신앙전통을 거의 그대로 답습하도록 하고 있다.

그런데 국교회의 조항들은 궁극적으로 로마 가톨릭의 신앙을 따름으로서 가정예배와 신자 개인의 경건생활을 대체하도록 유도하고 있으니, 그렇게 하여 신자들의 신앙은 게으르고 형식적(외형적 율법주의)인 종교를 추구하게 되는 것이다. 아울러 그런 형식적이고 전혀 성경에 근거하지 않은 것들을 추구함으로써 자연히 가정예배와 개인적인 경건의 훈련에 할애할 시간과 관심이 분산되고, 심지어는 그 실행까지도 결국 미루게 되는 것이다. 그러므로 가정예배모범이 언급하는바 "모든 세상적인 일들로 인해 방해됨이 없이 시행되도록 해야" 한다는 말은 단순히 일상적인 일들에 대해서만이 아니라, 형식적이고 전혀 성경에 근거하지 않은 것들을 추구하고 행하는 일을 포함하는 언급인 것이다.

이와 관련하여 웨스트민스터 신앙고백 제20장은 "그리스도인의 자유와 양심의 자유에 관하여" 언급하며, 1항에 이르기를 "새 언약 아래에는, 그리스도인들의 자유가 유대인들의 교회가 복종하였던 의식법의 멍에로부터 그들의 자유 가운데 더욱 확대되었고, 은혜의 보좌로, 더 큰 담대함의 나아감으로 확대되었고, 그리고 율법 아래의 신자들이 보통으로 같이 했던 것보다, 하나님의 자유로운 영의 더욱 충만한 교통으로 더욱 확대되었다."고 했는데, 아울러 2항에서는 "하나님만이 양심의 주인이시고, 신앙이나 예배에 관한 일에 있어서, 그의 말씀에 배치되거나, 혹은 벗어나는 어떤 것 안에 있는, 인간들의 교리들과 계명들로부터 양심을 자유롭게 하셨다."고 고백하고 있다. 그러므로 형식적이고 전혀 성경에 근거하지 않는 것들을 강압적으로 추구토록 하는 신앙은, 그로 말미암아 마땅히 행해야할 영적이고 도덕적인 훈련들에 대한 게으름과 방해만을 초래할 뿐이다. 따라서 우리의 신앙생활에서 과연 성경의 근거[101]에 따라 반드시 행할 것과 불필요한 것을 구별하여, 불필요한 것들이 정작 반드시 행할 일에 방해를 초래하지 않도록 정돈함이 필요한 것이다.

오락의 책(A Declaration to encourage Recreation and

---

101) 이는 단순히 성경에 명시한 대로 행하는 것만을 말하지 않고, 구약의 특수성(의식법 혹은 재판법에 속한 것)과 신약에 이르기까지 연속성(도덕법으로서 신약으로 계속 이어지는 것)에 대한 이해를 바탕으로 행하는 것을 말한다.

Sports on the Lord's Day) [102]

영국에서 제임스 Ⅰ세와 찰스 Ⅰ세(Charles I, 1600-1649) 때에 정치적으로 잉글랜드와 스코틀랜드, 그리고 아일랜드를 통합하여 다스리는 데에 오히려 방해가 된다고 판단된 퓨리턴(puritan)들의 신앙, 특히 주일성수의 신앙을 가로막기 위해 공표하여 목회자들에게 강제로 읽도록 한 것이 바로 「오락의 책」이다. 퍼스의 5개 조항들과 관련해서 이미 언급한 것처럼 제임스 왕은 영국 국교회로 모든 예배와 신앙을 일방적으로 일치시킴으로서 영국을 종교적으로 통합하는 데에 관심을 기울였으나, 퓨리턴들의 엄밀한 예배관과 주일 성수주의는 국교회가 제시하는 로마 가톨릭적인 요소들을 거부하였기에, 퍼스의 5개조를 통해 퓨리턴들의 전반적인 신앙의 틀을 붕괴시킬 뿐 아니라 오락의 책을 공표함으로서 퓨리턴들의 독특한 주일성수의 신앙을 막고자 했었던 것이다.

그런데 제임스 왕 때에, 퓨리턴들의 신앙을 방해하고자 주일날 오락행위를 권장한 오락의 책이 주장하는 명목상 의도는 "신민(臣民)들 대부분은 주일날 내내 심하게 일하는 천한 자들이다. 그들의 영혼에 새로운 활력을 집어넣기 위해서는 주일날 오락을 허용해 주어야 하고, 주일성수를 이유로 그것을 금하는 것은 그들의 권리를 빼앗는 것"이라는 논리에서였다. 그러므로 찰스 왕 때에는 이를 "법적인 오락"(lawful recreation, lawful sports) 혹은 "정숙한 운동"(honest exercises)이라 칭하여, 그것을 금하거나 방해하지 말도록 명령했던 것이다. 그러나 그러한 오락의 책은 전혀 경건치 못한 신앙의 태도

---

102) 앞의 책, 67-9 참조.

를 고스란히 반영하는 것으로서, 심지어 당시의 종교와 세속권력에 있어서 최고의 재판권을 지닌 주교와 왕에 의해 일방적으로 강요되기까지 했던 "경건치 못한 조롱"일 뿐이었다.

무엇보다 오락의 책을 통해 제임스 왕이 퓨리턴들의 주일성수를 방해할 때에, 그것은 "주일성수 자체를 반대하는 것이 아니라 다만 일요일 저녁기도 후(after evening prayer), 일요일 오후(upon the Sunday's afternoon) 혹은 모든 신적인 예배의 종결 후(after the ending of all divine service)에 그러한 오락이나 스포츠를 허용하도록 하라"는 것이었다. 그러므로 인간적 기준으로만 보자면, 충분히 타협적이고 타당하게 백성들의 휴식을 보장해 주는 형태로서 퓨리턴들의 주일성수 개념인 24시간 주일성수의 개념을 방해할 것이었는데, 오늘날의 느슨해진 신앙관 가운데서는 오히려 24시간 주일성수를 고수하는 퓨리턴들이 관대함과 융통성이 없는 편협한 신앙을 고집했던 것으로 인식될 수 있을 것이다. 실제로 당시에도 그러한 왕명에 끝까지 순응하지 않은 퓨리턴들(nonconformist)이 있었는가 하면, 그러한 명령에 순응하여 적절히 절충하려고 한 퓨리턴들(conformist)도 있었지만, 웨스트민스터 총회로까지 이어지는 순수한 퓨리턴의 개념은 순응파의 입장이 아니라 비순응파의 입장이었다는 사실을 기억해야 할 것이다. 그러므로 스코틀랜드 가정예배모범에서도 그러한 비순응파의 견지에서 "무신론자들이나 경건치 못한 자들의 조롱에 대해서는 이 땅에 대한 하나님의 큰 자비와 그가 우리에게 행하신 혹독한 교정을 생각할 때에 결코 그에 굴할 수 없는 것"이라고 언급한 것이다.

교회의 모든 지도자들(all elders of the kirk)의 마땅한 책무

웨스트민스터 예배모범에서 주일성수에 관한 항목인 7항은 "주일은 마땅히 미리 기억하는 것이 좋다. 모든 세속적인 일상의 생업을 잘 정리하여 그 일들을 알맞고 적절한 때에 내려놓은 뒤, 주일이 되었을 때 주일을 지키는 데 방해가 되지 않도록 한다. 주일 하루는 공적으로나 사적으로 온전한 그리스도인의 안식일로서 주님을 위해 거룩히 지켜야 한다. 이를 위해서는 반드시 주일을 거룩히 구별해야 하며, 불필요한 노동을 그치고 하루를 온전히 쉬어야 한다. 모든 운동이나 오락, 세속적인 언어나 생각도 삼가도록 한다."[103]고 언급한 것을 볼 수 있는데, 얼핏 이러한 예배모범의 언급은 "신민(臣民)들 대부분은 일주일 내내 심하게 일하는 천한 자들이다. 그들의 영혼에 새로운 활력을 집어넣기 위해서는 주일날 오락을 허용해 주어야 하고, 주일성수를 이유로 그것을 금하는 것은 그들의 권리를 빼앗는 것"이라는 오락의 책의 논리에 따라, 휴식이 필요한 사람들을 구속하는 것처럼 오해될 수 있을 것이다. 그러나 웨스트민스터 예배모범은 덧붙여 이르기를 "불필요한 일로 하인들(직원들)을 하나님의 공중 예배에 참여하지 못하게 해서는 안 되며, 어느 누구도 성스러운 주일이 방해받게 해서는 안 된다."고 했다. 즉 웨스트민스터 예배모범은 주일을 일상의 세속적인 일들을 잘 정리하도록 권장하고 있을 뿐 아니라, 오락이나 운동과 같은 것들이나 세속적인 언어를 사용하여 감정을 표출하는 등의 그야말로 세속적인 방법이 아니라 공적인 예배에 참여하는 것을 중심으로 주일을 거룩히 구별하여 쉬도록 권

---

103) 정장복 역, 『웨스트민스터 예배모범』, 66-7.

장하고 있는 것이다. 특별히 "공적인 엄숙한 모임들 사이사이에 또는 예배 후 비어 있는 시간은 성경을 읽고 묵상하거나 설교를 다시 생각하는 데 시간을 보내도록 한다."고 언급하고 있는데, 또한 "들었던 말씀(sermons)을 설명하기 위해 가족들을 불러(calling their families) 그들에게 성회와 공적 의식에 대한 축복을 구하고, 찬송을 부르며(singing of psalms), 그 밖에 환자 심방, 가난한 자의 구제, 경건, 사랑, 자비 등을 실행함으로써 주일을 기쁘게 보내는 방법을 가르칠 수 있다."고 하여, 주일에 교회당으로 모였을 때 뿐 아니라 각 가정에서도 합당하고 기쁘게 주일을 보내는 방법이 무엇인지를 언급하고 있다.

그런데 가정에서 주일을 합당하고 기쁘게 보내는 방법의 중심에는 "성경을 읽고 묵상하거나 설교를 다시 생각"하기 위해 "가족들을 불러" 축복하고 찬송하는 일, 곧 가정예배가 있다. 그러므로 스코틀랜드 가정예배모범에서도 "교회의 모든 지도자들은 자신의 가족들을 부지런히 독려하여 가정예배를 드리도록 할 뿐만 아니라, 자신들이 돌보아야할 책임이 있는 다른 가정들에서도 가정예배를 드리도록 권장하고 시행토록 해야 한다."고 하여, 교회에서 이뤄지는 공적 예배와 회집에 연계된 가정예배를 강조하고 있는 것이다.

이처럼 가정예배를 통한 경건의 훈련들은 교회로 모이는 회중들의 신앙생활에 있어 아주 중요한 부분을 이루고 있을 뿐 아니라, 교회로 모이는 회중들을 견고하게 세우는 중요한 신앙의 실천영역이다. 주일성수와 관련한 퓨리턴들의 역사 가운데서 알 수 있듯이 주일성수의 신앙은 교회로 모이는 가운데서 뿐 아니라, 더욱더 가정으로 모이는 가운데서 온전히 수행되어야 하는 것이다. 아울러 교회로 모여서 이뤄지는 신앙의 실천 뿐 아니라 각각 흩어져서 가정예배로 모여 이뤄지는 신앙의 실천이 함께 더해져서 비로소 견고한 신앙의 훈련을 이룰 수가 있다. 따라서 교회로 모이는 회중들을 지도하는 "목회자"(pastor)가 반드시 있어야 함과 같이, 각 가정 또한 가족 구성원들을 경건하게 인도할 수 있는 "가장"(head of the family)이 반드시 있어야 하니, 그 모두가 바로 "교회의 지도자들"(elders of the kirk)인 것이다. 안타깝게도 현대의 많은 장로교회들이 '셀 교회론'이나 '가정교회론'에 바탕을 두고서 각 가정의 가장에 의해 드려지는 가정예배를 등한히 하도록 하고 있지만, 오히려 가장에 의해 성실히 시행되는 가정예배야말로 올바른 주일성수의 바람직한 실천이다.

XI (위에서 이미 언급한) 가정에서의 일반적인 의무들 외에도, 주님께서 그들을 위해 참회(humiliation)와 감사(thanksgiving)의 특별한 의무들로 섭리하시는 경우에 각 가정에서는 (사적으로나 공적으로) 이를 신중히 수행해야 한다.

가장의 인도에 의해 가정에서 이뤄지는 가정예배가 목회적 기능을 수행하는 것은, 11항에서 언급하는 내용들 가운데서도 명료하게 드러난다. 특별히 가정에서 "참회와 감사의 특별한 의무들"을 수행하는 경우에 그것이 사적으로서만이 아니라 공적으로(온 가족이 모이는 가정예배 가운데서) 이뤄질 수 있음을 언급하여, 각 가정에서 이뤄지는 가정예배가 얼마나 큰 목회적 기능을 수행하는 것인지를 실감할 수가 있는 것이다.

사실 신자들에게 참회와 감사가 빈번하고도 실질적으로 요구되는 곳은 각자의 가정이다. 가정에서 이뤄지는 일상적인 일들 가운데서 가장 실제적인 참회를 필요로 하는 죄와 잘못을 범하기 쉬우며, 감사할 것 또한 가정과 일상적인 일들 가운데서 가장 실제적으로 경험할 수 있는 것이다. 그러므로 가정에서의 일반적인 의무들에 속하는 경건의 훈련들 외에도, 실제적인 참회와 감사가 가정에서 이루어질 수 있도록 해야 마땅하다.

'가정예배'의 목회적 기능

교회를 통해 공적인 치리(권징)가 이루어진다고 하더라도 가정에서 혹은 개인적으로 참회하도록 하는 특별한 기능을 수행할 수 없다면, 실질적인 치리의 목적을 달성하기가 어려울 것이다. 그러므로 교회를 통한 공적인 목회로서의 치리기능과 함께 가정을 통한 사적인 목회로서의 기능이 연계될 때에 비로소 실질적이고도 유기적인 목회가 가능할 것이라는 점에서, 교회의 합법적인 목회자는 각 가정의 가장들이 그러한 목회적 기능을 가정을 통해 잘 수행할 수 있도록 하는 일에 부단한 관심과 노력을 기울여야 마땅한 것이다.

한편 가정예배모범은 "각 가정에서는 (사적으로나 공적으로) 이를 신중히 수행해야 한다."고 언급하고 있는데, 가정이라고 하더라도 참회나 감사의 특별한 의무를 수행할 때에는 공적인 목회의 모범을 따라 신중하고도 체계적으로 행해야 할 것을 말한 것이다. 그러므로 이와 관련해서는 웨스트민스터 예배모범(1645)에서 언급하고 있는 것, 특별히 "공적이고 엄숙한 금식"(Of Publick Solemn Fasting)과 "공적인 감사의 날들"(Of the Observation of Days of Publick Thanksgiving)에 관한 언급들을 바탕으로 이해할 수가 있다.

'금식'과 '참회' [104]

먼저 공적인 금식에 관하여 언급하고 있는 웨스트민스터 예배모범의 언급을 살펴보면, 금식에 대해 규정하기를 "크고 주목할 만한 어

---

104) 앞의 책, 76-8 참조.

떤 결정이 사람에게 고통을 주거나 명백하게 절박한 상황일 때, 혹은 어떤 비상식적인 악행이 저질러진 경우, 또는 특별한 은총이 요구되고 필요할 때 하루 동안 계속되는 엄숙한 공적 금식은 국가와 국민들이 하나님 앞에서 행해야 할 의무"라고 했다. 그리고 그러한 의무를 수행하는 "모든 과정에서 하나님을 향해 회중들을 대변하는 목사는 진지하고 철저하게 회중들을 미리 생각하여 마음속에서 우러나오는 말을 해야 하며, 특별히 회중들의 죄를 비통히 여기는 마음으로 자신과 회중들을 깨닫게 하며 그들의 마음을 녹이도록 한다. 그날은 참으로 깊은 통회와 번민의 날이 될 것이다."라고 언급하고 있다. 아울러 웨스트민스터 예배모범은 이르기를 "교회가 명령하는 엄숙하고 보편적인 금식 외에도, 하나님의 섭리가 당국자들에게 특별한 이유를 주실 때 회중들은 금식일을 지킬 수 있다. 또한 가족끼리도 그렇게 할 수 있다"고 하면서, "다만 그들이 속한 공동체가 금식이나 그 밖에 예배의 공적인 행사를 위해 모이는 날은 피하도록 한다."고 언급하고 있다. 그러므로 이러한 웨스트민스터 예배모범의 금식에 관한 언급을 바탕으로, 각 가정에서의 "참회"(humiliation)의 의무를 실제로 수행할 수 있는 것이다.

특별히 웨스트민스터 예배모범에서 "목사는 온전한 인내를 가지고 그날의 일이 형식적인 의무로 끝나는 것이 아니라, 사적으로는 회중 자신과 가족들을, 공적으로는 그들이 고백한 모든 신실한 사랑과 결심을 강화시키고, 그날을 평생토록 기억하게끔 그들을 권면해야 한다. 그렇게 함으로써 그들은 영원히 안정된 마음을 갖게 되며, 하나님께서 그리스도 안에서 그들의 임무 수행을 통해 달콤한 향기를 맡으셨다는 것을 더욱 민감하게 발견하도록 한다"고 한 것과, "하나님의 은혜로운 응답으로 죄가 용서되고 심판이 제거되며 하나님이 우리 기도를 들으시어 그 백성을 재앙에서 막아 주시고 피하게 하실 뿐 아니라 예수 그리스도를 통하여 그들의 상황과 기도에 합당한 복을 주심으로써 그들에게 평안을 주시도록 권고한다"고 한 것처럼, 가장은 그러한 참회의 은혜가 가정 안에서 풍성하게 이뤄지도록 하는 실질적인 목회자로서 그 역할을 감당해야 하겠다.

가정에서의 감사 [105]

두 번째로 "감사"(thanksgiving)에 관해 언급하고 있는 웨스트민스터 예배모범의 항목을 보면, 각 가정에서 이뤄지는 감사에 관한 의무를 어떻게 수행해야 할 것인지에 관한 지침을 얻을 수가 있는데, 특별히 "시편 송"(psalms)을 부르는 것의 유용성을 언급하고 있는 것을 볼 수 있다. 그에 따르면 "시편 송은 대부분의 의식 중에서 감사와 즐거움을 가장 잘 표현한 것이기 때문에 현재의 의식에 적합한 말씀을 봉독하기 전이나 후에 감사의 뜻을 담은 시편 송을 부르도록 한다."고 했다. 따라서 가정에서도 시편 송은 적극적으로 권장되고 불려야 할 가장 합당한 찬송이요 감사의 방편임을 다시 한 번 확인해 볼 수 있다.

한편 웨스트민스터 예배모범은 신자들의 공적인 감사와 관련하여 "목사는 폐회하기 전에 회중들이 먹고 쉬는 가운데서 과도한 소란, 폭식, 술 취함, 그런 종류의 더 많은 죄들을 경계하도록 엄숙히 권면해야 한다. 또한 그들의 즐거움과 환희가 쾌락적인 것이 아니라 하나

---

105) 앞의 책, 78-80 참조.

님을 영화롭게 함과 동시에 그들 스스로를 겸손하고 순전케 하는 영적인 것이 되도록 주지"시킬 것을 말하고 있는데, 다만 "음식을 먹으며 즐거워하는 것은 그들에게 더 많은 기쁨을 줄 것이며, 그들이 행사를 마치고 오후의 남은 일상생활로 돌아왔을 때 하나님께 대한 그들의 찬양은 더욱 커질 것"이라고 말한다. 그러므로 가정에서도 그처럼 "음식을 먹으며 즐거워하는 것"을 통해서 기뻐하며 하나님을 찬양하는 마음을 더욱 배가시킬 수가 있을 것이다.

끝으로 웨스트민스터 예배모범은 감사 예물에 대해 언급하고 있는데, 공적인 집회에서 모아진 감사 예물은 "가난한 자들을 위해, 공적인 애도의 날(the day of publick humiliation)과 같이 유익하게 사용되어야 한다."고 했으며, "그럼으로써 그 자녀들은 우리를 축복할 것이고, 우리와 함께 더 큰 기쁨을 누릴 것"이라고 말하고 있어, 가정예배에서도 드려질 수 있는 감사의 예물이 어떻게 사용되어야 할 것인지 가늠해 볼 근거를 제시하고 있다.

XII 하나님의 말씀은 우리가 서로를 생각하며 사랑과 선행을 행하도록 요구하고 있는데, 특별히 죄악이 관영하여, 자신들의 정욕을 좇아 살아가는 경건치 못한 자들이 저들처럼 우리가 방탕을 좇지 않는 것을 이상하게 생각하는 이때에, 교회의 모든 회원들은 상호 간에 권면과 교훈, 그리고 책망을 통해서 서로를 일깨우고 훈련하는 일을 힘써야 한다. 또한 모든 불경건과 세속적 욕망들을 부인하고, 하나님의 은혜를 나타내도록 서로 권면하여 이 세상에서 경건하고 순전하며, 의롭게 살아가야 한다. 이를 위해서 연약한 자들을 위로하고 서로를 위해 함께 기도해야 한다. 그러한 일들은 하나님의 섭리 가운데서의 환란과 극심한 어려움, 혹은 십자가를 지고서 위로와 권고를 필요로 하든지, 범죄로 인한 사적인 권고에 따라 회개할 때나, 혹 그것이 효과가 없다면 "두세 증인의 입으로 말마다 확증하게 하라"(마 18:16)고 하신 그리스도의 명령에 따라 두 세 사람이 함께 찾아가 권면하는 경우에 더욱 필요한 것이다.

현대 개신교회들에서 흔히 볼 수 있는 신앙의 바탕은 일종의 '개인주의'(individualism)로서, 공동의 예배로 모이는 교회에서건 가정에서건 간에 자신이 원하지 않는 관계와 교제를 형성하지 않으려고 하는 자유로움으로 대표된다. 그러므로 그러한 성향 가운데서는 기본적으로 "상호 간에 권면과 교훈, 그리고 책망을 통해서 서로를 일깨우고 훈련하는 일"이 거의 불가능한 실정이다. 무엇보다 가정에서 자녀들의 신앙에 대해서도 가장(혹은 부모)의 권면이나 교훈, 그리고 책망이 이뤄지는 것은 결코 쉬운 일이 아니며, 11항에서 언급한 바와 같이 "주님께서 그들을 위해 참회와 감사의 특별한 의무들로 섭리하시는 경우"가 아니고서는 거의 불가능한 실정이 되었다.

그러나 교회의 공동체 혹은 가정에서 성도들 상호 간에 권면과 교훈, 그리고 책망이 이루어지는 것은 그리스도인의 "교제"(fellowship)에 있어서 필연적이라 할 수 있다. 따라서 교회의 표지(sign)로서 중요한 요소인 "권징"(church discipline)과 연계되는 권면과 교훈, 그리고 책망의 훈련은 가정에서의 경건과 예배에 있어서도 중요한 것이다.

권면과 교훈, 그리고 책망의 근거

사실 그리스도인에게 있어서 신자들의 신앙은 "양심의 자유"에 근거하고 있다. 바로 그 점에서 로마 가톨릭이나 영국의 국교회와 같은 형태와, 다른 개혁 주의적 개신교회들이 중요한 차이를 보이는 것이다. 그러므로 개혁주의적인 장로교회들의 표준적인 신앙고백인 웨스트민스터 신앙고백은 제20장에서 "그리스도인의 자유와 양심의 자유"[106]에 대해 다루고 있다.

먼저 1항에 의하면 "그리스도께서 복음 아래서 신자들을 위하여 사신 자유는, 죄에 대한 죄책, 하나님의 정죄하시는 진노, 도덕법의 저주로부터 그들을 자유롭게 함으로 구성되고, 이 현재의 악한 세상, 사탄의 속박과, 죄의 지배로부터, 고통의 악, 사망의 쏘는 것, 사망을 이김, 그리고 영원한 파멸로부터, 해방된 그들의 존재로 구성

---

106) 문원호, 『성경과 함께하는 신앙고백』, 131-8 참조.

되고, 또한 하나님께 그들이 자유롭게 나아감과, 노예적인 공포심에서가 아니라 어린아이 같은 사랑과 자원하는 마음으로 하나님께 대한 그들의 순종을 낳는 것으로 구성된다."고 했다. 따라서 웨스트민스터 신앙고백에서 말하는 그리스도인의 자유란, 단순히 신자 개인이 양심이나 신체상의 제약이 없이 마음대로 할 수 있다는 것이 아니라, 죄와 부패로부터 자유하게 되는 것과 궁극적으로는 하나님께 순종하게 되는 의미에서의 자유를 말하는 것이다.

그러면 1항에서 언급하는바 "하나님께 그들이 자유롭게……어린아이 같은 사랑과 자원하는 마음으로 하나님께 대한 그들의 순종을 낳는 것"으로서의 자유가 구체적으로 어떤 것이냐고 할 때에, 2항은 언급하기를 "하나님만이 양심의 주인이시고, 신앙이나 예배에 관한 일에 있어서, 그의 말씀에 배치되거나, 혹은 벗어나는 어떤 것 안에 있는, 인간들의 교리들과 계명들로부터 양심을 자유롭게 하셨다. 그래서 그러한 교훈들을 믿거나, 또는 양심을 벗어나 그러한 계명들에 순종하는 것은, 양심의 참된 자유를 배반하는 것"이라고 했다. 특별히 양심의 주인이신 하나님께 순종하는 구체적인 모습은 "신앙이나 예배에 관한 일에 있어서, 그의 말씀에 배치되거나, 혹은 벗어나는 어떤 것"도 따르지 않는 것, 곧 하나님의 말씀에만 순종하는 것이 바로 웨스트민스터 신앙고백이 언급하고 있는 그리스도인의 자유요, 양심의 자유다. 그러므로 3항에서 곧장 이르기를 "그리스도인의 자유에 대한 구실로, 어떤 죄를 짓거나, 어떤 탐욕을 품는 사람들은, 그것에 의해서 그리스도인의 자유의 목적을 파괴한다."고 했으며, 계속해서 "그것은, 우리 원수의 손으로부터 구원받았으므로, 우리가 우리 삶의 모든 날을, 주님 앞에서 거룩함과 의로움으로, 두려움 없이 주를 섬기도록 하는 것"이라고 말한다. 따라서 스코틀랜드 가정 예배모범 12항에서 말하는바 "상호 간에 권면과 교훈, 그리고 책망을 통해서 서로를 일깨우고 훈련하는 일"이란 바로 웨스트민스터 신앙고백 제20장에서 말하는 "그리스도인의 자유와 양심의 자유"의 바탕인 "하나님의 말씀(성경)"에 근거하는 것임을 알 수가 있다.

권면과 교훈, 그리고 책망의 목적

안타깝게도 오늘날 기독교 신앙은 "그리스도인의 자유와 양심의 자유"의 바탕인 "하나님의 말씀(성경)"에 근거하는 "상호 간에 권면과 교훈, 그리고 책망을 통해서 서로를 일깨우고 훈련하는 일"에 관심을 기울이지 않는다. 교회당에서 뿐 아니라 각 가정에서도 그처럼 권면과 교훈, 그리고 때로는 책망으로 일깨우며 훈련하는 일이 거의 이뤄지지 않는 형편인 것이다.

그러나 현대의 기독교 신앙이 그처럼 하나님의 말씀에 근거하여 상호 간에 권면과 교훈, 그리고 책망을 통해 서로를 일깨우고 훈련하는 일을 꺼려하는 것은, 웨스트민스터 신앙고백 제20장 1항에서 언급하고 있는 자유, 곧 "죄에 대한 죄책, 하나님의 정죄하시는 진노, 도덕법의 저주로부터 그들의 자유로 구성되고, 이 현재의 악한 세상, 사탄의 속박과, 죄의 지배로부터, 고통의 악, 사망의 쏘는 것, 사망을 이김, 그리고 영원한 파멸로부터, 해방"되는 것에 전혀 역행하는 심각한 현상이다. 더구나 신자들의 가정에서도 그러한 권면과 교훈, 그리고 책망을 통해 서로를 일깨우고 훈련하는 일이 꺼려지게 됨으로 말미암아 가정예배모범12항에서 언급한 "불경건과 세속적

욕망들"에 사로 잡혀 참된 자유를 잃어버리는 일이 발생하고 있는 것이다. 그러므로 웨스트민스터 신앙고백 제20장 3항에서 언급한바 "그것(그리스도인의 자유의 목적)은, 우리 원수의 손으로부터 구원받았으므로, 우리가 우리 삶의 모든 날을, 주님 앞에서 거룩함과 의로움으로, 두려움 없이 주를 섬기도록 하는 것"이다. 바로 이러한 권면과 교훈, 그리고 책망의 목적 가운데서 우리들은 가정예배모범 12항에 언급하는바 "하나님의 섭리 가운데서의 환란과 극심한 어려움, 혹은 십자가를 지고서 위로와 권고를 필요로 하든지, 범죄로 인한 사적인 권고에 따라 회개할 때나, 혹 그것이 효과가 없다면 "두세 증인의 입으로 말마다 확증하게 하라"(마 18:16)고 하신 그리스도의 명령에 따라 두 세 사람이 함께 찾아가 권면하는" 일을 마땅히 수행해야 하는 것이다.

특별히 그리스도인의 가정에서야말로 권면과 교훈, 그리고 책망하는 것으로 서로를 이끌고 훈련하는 일이 반드시 필요하다. 교회당에서보다도 훨씬 긴밀한 유대관계 가운데 있는 가정에서야말로 "서로를 생각하며 사랑과 선행을 행하도록" 권면하고 교훈하는 일이 가장 실제적으로 이뤄질 수 있는 곳이기 때문이다. 비록 현대의 기독교 가정에서도 가정예배나 개인예배를 실행하는 경우가 드물고, 억지로 하는 것이 아니라 자원하는 마음으로 행하는 경우는 극히 드문 것이 현실이지만, 자녀들에 대한 참된 양육은 바로 그처럼 권면하고 교훈할 뿐 아니라, 때로는 책망할 수 있는 것을 통해 온전히 훈련되어야 하는 것이다. 이를 위해서는 교회의 모든 지도자들이 가장과 가정에 대한 권면과 교훈을 할 수 있어야 하고, 만일 말씀에 합당한 신앙의 실천(가정을 잘 양육하는 것)에 게으르거나 미흡할 경우에는 책망까지도 할 수 있어야 한다. 물론 그 때의 권면과 교훈, 그리고 책망은 철저히 "하나님의 말씀"에 근거하여야 할 것이다. 사사로운 감정이나 계산이 아니라 오직 하나님의 말씀에 근거하여 권면하고 교훈할 때에, 비로소 교회의 지도자들이 행하는 권면과 교훈은 연약한 자들을 위로하는 것이 되며, 그럴 때에 서로를 위해 함께 기도하게 될 것이기 때문이다. 비록 현대 기독교에서는 이를 시행하기가 매우 어려운 것이 사실이지만, 이는 반드시 시행하여야 할 중요한 일이며 그렇게 하여 가정이 온전히 세워질 때에 교회도 온전하게 세워질 수가 있는 것이다.

XIII 심령이 상하고 피폐해진 사람에게 모든 이들이 적절한 말을 해줄 수 있는 것은 아니며, 또한 누군가에게 개인적 혹은 공적으로 할 수 있는 일반적인 방법들을 통해서도 여전히 문제를 해결할 수 없는 사람이 있을 수 있으니, (그런 경우에) 그는 자기가 속한 교회의 목사나 경험이 많은 교인들(some experienced Christian)에게 그 문제를 알려 도움을 청하도록 해야 할 것이다. 그러나 청함을 받은 사람은 도움을 청한 사람의 상태를 고려하여 이를 조심히 해야 할 것이며, 이성간의 스캔들(of that sex, that discretion, modesty, or fear of scandal)에 주의하여, 경건하고 신중하며 과묵한 교우(godly, grave, and secret friend)와 함께 배석하여 만나는 것이 좋다.

스코틀랜드 가정예배모범 7항에서는 "부패하고 곤경에 처한 때에는 여러 가정들이 함께 예배함으로써 많은 효과와 결실들을 거둘 수 있을 것이지만, 하나님께서 복음의 순전함과 평안으로 축복해 주신 때에는 그러한 모임은 권장되지 않는다."고 했다. "왜냐하면 그런 일은 오히려 가족들 개개인의 영적인 훈련에 방해가 되는 경향이 있으며, 공적인 사역(the publick ministry)의 필요에 대한 부정적 견해를 갖게 할 수 있기 때문"이다. "뿐만 아니라 교회(congregations)의 여러 가정들 사이의 불화를 초래하거나, 심지어 분열을 초래할 수도 있"기 때문에, 불필요하게 여러 가정들이 함께 모여 예배하는 것을 주의해야 한다고 말한다.

그러나 여기 13항에서는 "심령이 상하고 피폐해진 사람"과 그 가정에 대하여 이웃인 교우들이 결코 무관심할 수 없음을 언급하고 있다. 즉 복음의 순전함으로 평안함 가운데 있는 일반적인 경우는 각 가정이 충분히 개개인의 영적 훈련들을 수행할 수 있는 시기이기 때문에, 불필요하게 여러 가정이 모여 예배를 드리거나 분란을 초래할 우려가 있는 모임을 가져서는 안 되지만, 곤경에 처하거나 심령이 상하고 피폐해진 이웃과 그 가정에 대해서는 당연히 교우들의 관심과 조치가 요구되는 점을 언급하고 있는 것이다.

교회의 각 가정은 또한 서로 긴밀한 유대 가운데 있어야 함

현대의 개신교회들에서는 개인주의와 핵가족화(the trend toward the nuclear family)가운데서의 일반적인 양상으로 인해 각 가정의 문제들을 공적으로 드러내는 것을 극히 꺼려하는 경향이 있는데, 그러므로 오히려 평안하고 문제가 없는 상황에서는 적극적으로 가정을 개방하던 신자들도 환란이나 시련의 상황 등 심령이 상하고 피폐해지기 쉬운 상황에서는 정작 가정의 문제를 숨기려고만 하거나, 심지어 교회로서의 돌봄까지도 회피해 버리는 경우를 흔히 볼 수 있다. 그러나 그처럼 심령이 상하고 피폐해진 때야말로 이웃한 교우들과 가정의 도움이 절실히 필요한 때임을 가정예배모범은 언급하고 있다.

이처럼 스코틀랜드 가정예배모범은 결코 각 가정의 경건과 훈련을 위해서만 지침을 주고 있지 않으며, 오히려 각 가정이 지역적으로 온전한 공동체적 유대를 가질 수 있도록 하는 언급도 하고 있다. 왜냐하면 교회는 공적인 회집의 성격만이 아니라, 각 가정들이 유기적으로 공동체적 유대를 형성하는 가운데서 비로소 온전해질 수가 있기 때문이다. 그러므로 참된 교회의 목회사역은 결코 교회의 지도자들만 감당하는 것이 아니며, 각 가정이 완전히 독립적으로 교회의 지도 아래에 있는 것이 아니라, 서로 긴밀히 연계된 유대 가운데서 각각의 독특한 목회적 의무를 수행해야 한다는 점에서 각 가장의 목회적 책임이 중요한 것이다. 그러므로 한 가정의 가장이 그러한 책임을 게을리 하거나 역량이 부족한 경우에, 교회의 지도자들이 적극적인 관심과 지도를 기울여야 마땅한 것이다.

"만인제사장"의 실천적 의미

로마 가톨릭이 사제(priest)들과 상대적으로 열등한 평신도(a laity)로 구분하는 교회론을 표방하는 것에 반해, 개신교의 교회론 가운데서는 교직(the ministry)의 동등성과 함께 모든 신앙인이 궁극적으로 동등하다고 보는데, 그러한 관점의 근거가 되는 것이 바로 "만인제사장론"(Priesthood of all believers)이다.

일반적으로 만인제사장론은 "루터가 하나님 앞에서 모든 그리스도인이 똑같이 존엄하고 부름을 받았고 특권이 있음을 주장하면서 이 교리를 체계화"[107] 한 것으로 보는데, 루터는 『독일 크리스천 귀족에게 보내는 글』(An den christlichen Adel deutscher Nation des christlichen Standes Besserung. 1520)이라는 책의 "로마교도들의 세 가지 담"[108]이라는 소제목 가운데서 이르기를 "교황, 주교들, 사

---

107) Sinclair B. Ferguson 외, 『IVP 신학사전』, (서울: (주)아가페출판사, 2001), 303-4.
108) 지원용 역, 『말틴 루터의 종교개혁 3대 논문』, (서울: 도서출판 컨콜디아사, 1993), 28-46 참조.

제들 및 승려들을 "영적 계급"이라고 부르고 군주들, 영주들, 직공들 및 농부들을 "세속적 계급"이라고 부르는 것은 전혀 조작적인 것"이라고 하면서 "모든 크리스천은 참으로 "영적 계급"에 속하며 그들 가운데는 직무상의 차별 이외에 아무 것도 없다. 이것은 바울이 고린도전서 12장에서 우리는 다 한 몸이나 모든 지체가 다른 지체를 섬기기 위하여 각기 자기 나름대로의 임무를 가진다(12절 이하)고 말하는 것과 같다."고 했다. 아울러 "우리는 다 세례를 통하여 사제로서 성별을 받는다. 이것은 사도 베드로가 베드로전서 2장에서 "너희는 왕같은 제사장이며 제사장 같은 나라이다."(9절) 라고 말하고 또 계시록에 "당신은 당신의 피로써 저희를 제사장과 왕들이 되게 하셨나이다."(5:9-10) 라고 기록되어 있는바와 같다."고 언급한 것에서 그 기본적인 맥락을 찾아볼 수가 있는 것이다.

그러나 "우리는 다 세례를 통하여 사제로서 성별을 받는다."는 것은, 모든 신자들이 교회 안에서 동일한 역할로 부름을 입는다는 말은 아니다. 오히려 "그들 가운데는 직무상의 차별(차이) 이외에 아무 것도 없다."고 한 것에서 알 수 있듯이, 부르심에 따라 교회에서의 역할로서는 분명한 차이와 구별이 있는 것이다. 다만 루터가 설명하는바 "이것은 마치 다 같이 왕의 아들이고 동등한 상속자들인 열 형제가 그들 가운데서 하나를 택하여 자기를 대신하여 유산을 관리하게 하는 것과 같다. 그들 중에 하나가 다스리는 직무를 맡고 있기는 하나 그들은 다 왕들이며, 동등한 권력을 가지고 있는 것이다."라고 한 것에서 알 수 있듯이, 그 소명과 역할에 있어서의 차이이지 본질적인 신분의 차이가 결코 아니다. 스코틀랜드 가정예배모범 13항에서 "심령이 상하고 피폐해진 사람에게 모든 이들이 적절한 말을 해줄 수 있는 것은 아니며, 또한 누군가에게 개인적 혹은 공적으로 할 수 있는 일반적인 방법들을 통해서도 여전히 문제를 해결할 수 없는 사람이 있을 수 있"다고 한 것은, 바로 그러한 부르심과 역할에 있어서의 교회 안에서의 차이가 분명히 있음을 말하는 것이다. 그러므로 그럴 경우에는 마땅히 "자기가 속한 교회의 목사나 경험이 많은 교인들(some experienced Christian)에게 그 문제를 알려 도움을 청하도록 해야"하는 것이다.

교회(목회직)의 각 가정에 대한 역할

스코틀랜드 가정예배모범은 기본적으로 각 가정의 목회자로서 가장(head of the family)을 세우고 그의 역할을 공적으로 인정하는 입장이지만, 그렇다고 가장을 중심으로 각 가정이 완전히 독립적이라고 보는 것이 아니다. 오히려 각 가정은 이웃 가정에 대해 관심을 가지고 도움을 주어야 할 뿐 아니라, 스스로의 도움이 미약하여 실질적인 도움을 줄 수 없는 경우에는 적극적으로 교회의 사역자들(목사나 장로)에게 도움을 청하도록 함으로써, 교회를 이루는 모든 구성원들(이웃 교우, 교회의 모든 지도자들)과 각 가정이 유기적으로 연계되어 있음을 시사하고 있다.

오늘날 대부분의 교회들에서 시행하는 "심방"(a visit)은 사실 교회의 공적인 행사로서만 기능하는 경우가 많으나, 각 가정의 실질적인 형편과 상황에 대한 이해는 이웃한 교우(주로 이웃한 가장)에 의해 가장 실질적으로 파악할 수가 있을 것이다. 물론 그처럼 실질적인 형편과 상황을 파악하기 위해서는 성도간(특히 가장들 사이에서)

의 긴밀한 교제와 유대가 형성되어야 할 것인데, 그러한 일은 교회의 모든 구성원들이 10항에서 언급하는 바에 따라 경건의 훈련을 잘 수행하는 가운데서 비로소 가능하게 될 것이다.

그러나 이웃 교우들의 관심과 일반적인 방법들로도 문제를 적절하게 해결하기 어려운 경우에는 반드시 "자기가 속한 교회의 목사나 경험이 많은 교인들(some experienced Christian)에게 그 문제를 알려 도움을 청하도록 해야"한다고 스코틀랜드 가정예배모범은 명시하고 있다. 아울러 그러한 때에 가장 우선적으로 고려해야 하는 것이 6항과 7항에서 언급한 것처럼, "가족들 개개인의 영적인 훈련에 방해가 되"거나, "공적인 사역(the publick ministry)의 필요에 대한 부정적 견해를 갖게"한다거나, "교회(congregations)의 여러 가정들 사이의 불화를 초래하"고, "심지어 분열을 초래"하는 일이 발생하지 않도록 하는 일이다. 그러므로 13항에서는 "청함을 받은 사람은 도움을 청한 사람의 상태를 고려하여 이를 조심히 해야 할 것이며, 이성간의 스캔들(of that sex, that discretion, modesty, or fear of scandal)에 주의하여, 경건하고 신중하며 과묵한 교우(godly, grave, and secret friend)와 함께 배석하여 만나는 것이 좋다."고 언급하고 있다.

이처럼 이웃 교우나 가정의 문제에 대한 실질적인 상태와 문제에 대해서는 일반적으로 이웃한 교우의 관심과 유대 가운데서 가장 긴밀히 파악되어 조치될 수 있지만, 그렇게 해결하기 어려운 경우에는 반드시 교회의 공적인 도움의 절차를 받되, 최대한 신중하고도 조심스럽게 처리하도록 해야만 할 것이다. 물론 이러한 일들은 현대의 교회들에서는 거의 이뤄지기 어려운 실정이지만, 이러한 교제와 유대는 성경이 권장하는 성도들의 당연한 의무에 속하는 것이라는 점에서, 현대의 교회들도 반드시 회복해야할 모습인 것이다. 아울러 그러한 일에 있어서도 교회의 모든 구성원들이 서로 긴밀하게 유기적으로 연관되어 있다는 사실을 기억하여 어려움을 겪는 가정에 이웃 교우의 가정이 어떤 부정적인 영향을 끼친다거나, 반대로 어려움을 겪는 가정의 문제로 인해 이웃 교우의 가정이나 교회의 모든 구성원들에게 어떤 불미스런 일이 생기지 않도록 각별한 주의 가운데 있어야 할 것이다. 그러므로 평소에 각 가정의 가장들이 자기에게 맡겨진 가정에서 가정예배를 비롯한 경건의 훈련들을 부단히 수행함으로써, 건전하고 경건한 가정을 운영하는 일이 아주 중요하다 하겠다.

성도의 교제

현대의 목회에서는 각 개인과 가정, 그리고 교회의 모든 구성원들로서의 유기적인 관계와 유대를 형성하는 경우를 찾아보기가 매우 어렵다. 그러나 스코틀랜드 가정예배모범 13항에서 알 수 있듯이, 모든 성도들(특히 가장들)이 "만인제사장론"의 실천으로서 각 가정을 잘 통솔하고 이끌어가는 소규모의 목회를 제대로 실행하지 않는 한, 교회의 공적인 목회가 실질적으로 이뤄지기란 거의 불가능하다.

이와 관련하여 웨스트민스터 신앙고백 제26장에서는 "성도의 교제에 대하여"[108] 다루고 있는데, 1항에서 언급하기를 "그리스도의 영에 의해서, 그리고 믿음에 의해서, 그들의 머리이신 예수 그리스도

---

109) 문원호, 『성경과 함께하는 신앙고백』, 174-6 참조.

에게 연합되어 있는 모든 성도들은, 그의 은혜, 고난, 죽음, 부활, 그리고 영광 안에서 그와 교제를 갖는다."고 할뿐 아니라, "그리고 사랑 안에서 서로에게 연합되어 있으므로, 그들은 각자의 은사와 은혜들 안에서 교제하고, 속과 겉 사람 양자 안에서, 그들 상호간의 선을 도모할 만한, 그런 공적이고 사적인 의무들의 실행에 감사한다."고 하여, 그리스도와의 연합과 동시에 성도들 서로에 대한 연합을 말하고 있는데, 궁극적으로 그 두 연합은 오직 "그리스도의 영에 의해서, 그리고 믿음에 의해서" 비로소 가능한 것이다. 계속해서 1항에서는 또 이르기를 "성도들은, 신앙고백에 의해서, 하나님에 대한 예배, 그리고 그들 서로의 교화에 전념하는, 그런 다른 신령한 봉사를 실행함에 있어, 또한 그들의 다양한 능력과 필요에 따라, 외적인 것들 안에서 서로 구제함에 있어서, 거룩한 친교(fellowship)와 교제(communion)를 유지해야만 한다."고 했는데, 이러한 친교와 교제의 이해 가운데서 각 가정의 가장들은 자신에게 맡겨진 가족들을 가정예배를 비롯한 경건한 훈련 가운데 잘 양육할 뿐 아니라 이웃한 교우들에 대해서도 서로의 교화를 위해 수고해야만 한다는 것을 알 수가 있다. 그런데 웨스트민스터 신앙고백 제26장 2항은 계속해서 이르기를 "그 교제는, 하나님께서 기회를 주시는 대로, 모든 곳에서 주 예수의 이름을 부르는 모든 사람들에게 확대되어야 한다."고 말하고 있어, 궁극적으로 모든 믿음 있는 자들에게까지 확대되도록 언급하고 있는 것을 볼 수가 있다. 바로 그러한 친교와 교제의 인식이 바로 "공교회"(catholic church)의 인식이며 실천인 것이다.

우리들은 가정예배모범 13항을 통해 중요한 것 하나를 교훈 받는데, 그것은 바로 교회의 모든 구성원들이 유기적으로 깊이 연관되어 있다는 점이다. 즉 공적인 교회의 목회자는 목사와 장로 등 교회의 직원들이지만, 그러한 목회는 가정에서의 실질적인 목회자인 가장(head of the family)에게까지 연계되어야 하는 것이다. 아울러 가장이 목회하는 한 가정은 독립적이기만 한 것이 아니라 이웃한 교우의 가정과도 긴밀한 친교와 교제로서 연결되어 있어야 하는 것이며, 그렇게 연결된 교우들의 친교와 교제는 궁극적으로 "주 예수의 이름을 부르는 모든 사람들에게"까지 확대되어야 하는 것이니, 그렇게 하여 비로소 모든 가정을 아우르는 실질적인 목회가 이뤄지는 것이다. 따라서 그러한 "성도의 교제"로서 만인제사장에 대한 이해가 바르게 실천될 수가 있다. 바로 그러한 일의 실현을 위해서, 교회의 목사와 모든 교회의 직원들은 각 가정에 가장을 세우고 가정예배를 비롯한 경건의 훈련을 통해 목회적 부름을 잘 실현할 수 있도록 지원해주어야 마땅한 것이다. 한마디로 목사의 목회는 공적인 교회에서뿐 아니라 가정, 그리고 각 개인의 신앙 성숙을 위해 "가장"을 세우는 일에까지 확대되고 실천되어야만 비로소 온전하게 되는 것이다.

XIV 하나님의 섭리 가운데(by Divine Providence) 직장에서의 특별한 일이나 다른 어떤 사유로 인해 몇몇 가정의 사람들이 각자의 가정을 떠나 해외에서 함께 모이게 되었을 때에는, 그들이 어디를 가더라도 하나님께서 그들과 함께 하실 것이기에, 그 가운데서 그 모임을 인도하기에 가장 적합하다고 판단되는 사람을 주의하여 세워, 기도와 감사의 의무를 다하는 일에 소홀하지 않도록 해야 한다. 아울러 그러한 모임 가운데서는 부정한 대화를 하지 않도록(no corrupt communication) 하며, 덕을 세우는 선한 말을 하여, 이를 듣는 자들에게 은혜를 끼칠 수 있도록 해야 한다.

현대의 목회현실에서는 수많은 변수들이 아주 빈번하게 발생하는데 대표적으로 "거주이전의 자유"를 바탕으로, 업무상 혹은 휴양을 목적으로 멀리 해외로 여행을 하게 되는 일이 아주 빈번하게 발생한다. 그리고 때에 따라서는 일정상 해외에서 주일을 보내야 하는 경우도 빈번하게 발생하곤 한다.

그런데 놀랍게도 17세기 때에 이미 스코틀랜드 가정예배모범에서는 그러한 경우에 신자들이 어떻게 해야 하는지를 상세히 언급하고 있다. 17세기 영국은 잉글랜드와 스코틀랜드, 그리고 아일랜드의 경계가 여전히 뚜렷했는데, 심지어 게르만 시대에는 잉글랜드에만 7개의 왕국이 있었다. 뿐만 아니라 이미 11세기 무렵부터 프랑스, 독일, 덴마크, 노르웨이. 스웨덴 등의 유럽 국가들과 활발한 해상무역을 펼쳤으며, 유럽 대륙으로의 진출과 지배를 꿈꾸었던 에드워드 3세

(Edward III, 1312-1377) 때부터는 프랑스 전역에서 전쟁을 치르는 등 유럽대륙과의 끊임없는 접촉과 진출 가운데 있었던 것이 영국의 국제적인 모습이었다.[110] 더욱이 정치 혹은 종교적인 큰 변화를 겪음으로 인해 많은 사람들(난민)이 한꺼번에 유입되기도 하고, 반면에 많은 사람들이 한꺼번에 빠져나가는 일도 빈번히 발생했다. 바로 그러한 배경 가운데서 스코틀랜드 가정예배모범은 "하나님의 섭리 가운데 직장에서의 특별한 일이나 다른 어떤 사유로 인해 몇몇 가정의 사람들이 각자의 가정을 떠나 해외에서 함께 모이게 되었을 때"를 언급한 것이다.

사람의 제일 된 목적

제1 스코틀랜드 신앙고백(1560)은 제1조에서 "하나님에 대하여" 언급하기를 "우리는 오직 하나님만을 인정하고 고백하는데, 우리는 그만을 의지해야 하며, 오직 그에게만 예배하며, 그리고 오직 그에게만 우리의 신뢰를 두어야 한다."[111]고 했다. 이에 따라 웨스트민스터 대교리문답(1647) 제1문은 사람의 중하고 높은 목적이 무엇인가에 대해 답하기를 "하나님을 영화롭게 하는 것과 그를 영원토록 충분하게 즐거워하는 것"[112]이라고 했다. 따라서 그 같은 목적과 의무를 따라 행하는 것이 바로 "선한 일"(선행)인데, 제1 스코틀랜드 신앙고백 제14조는 "하나님 앞에서 선한 일들"이 무엇인지에 대

---

110) 김현수, 『이야기 영국사』, (경기: 청아출판사, 2006), 61-206 참조.
111) James T. Dennison, Jr. 『Reformed Confessions of the 16th and 17th Centuries in English Translation: Vol 2』, (Grand Rapids: Reformation Heritage Books, 2010), 189.
112) 위의 책 Vol 4, 299.

해 언급하면서, "이러한 일에는 두 종류가 있다. 그 하나는 하나님의 영광을 위하는 것, 다른 하나는 우리 이웃들의 유익을 위하는 것이다."[113]라고 했다. 또한 하나님의 영광을 위하는 첫째 선한 일은 구체적으로 "한 하나님을 믿으며, 그의 영광을 예배하고, 우리의 모든 문제를 그에게 아뢰며, 그의 거룩한 이름에 경의를 표하고, 그의 말씀을 들으며, 같은 것을 믿고, 그가 제정하신 거룩한 성례에 동참하는 것"등이라고 했는데, 두 번째 선한 일에 해당하는 것들과 마찬가지로 "하나님께서 율법에 따라 그를 기쁘시게 하는 것들로 행하도록 명령하신, 계명들에 따라 오직 믿음으로 행하는 일들"[114]이라는 의미로서 선한 일이라고 고백하고 있다. 그러므로 하나님의 계명들, 곧 율법에 순종하는 것이야말로 선한 일이며, 웨스트민스터 대교리문답 91-3문에서 그러한 순종의 의무로서 제시하신 법칙이 바로 "도덕법"(the moral law)이라고 했다.

이처럼 스코틀랜드의 장로교회들이 순수하게 그 신앙을 표방했던 때에, 그들은 하나님께서 사람들에게 도덕법으로서 제시하신 순종의 의무를 다하는 것이야말로 선한 일(선행)이라고 확고히 고백했으니, 그러한 고백에 따른 실천으로서 "그들이 어디를 가더라도 하나님께서 그들과 함께 하실 것이기에, 그 가운데서 그 모임을 인도하기에 가장 적합하다고 판단되는 사람을 주의하여 세워, 기도와 감사의 의무를 다하는 일에 소홀하지 않도록 해야 한다."고 스코틀랜드 가정예배모범 가운데서도 확언하고 있는 것이다. 특별히 "기도와 감사의 의무"란 예배에 대한 것으로서, 바로 그러한 예배야말로 신

---

113) 위의 책 Vol 2, 195.
114) 앞의 책, 196.

자들이 어디를 가든지 하나님께서 사람에게 도덕법으로 주신 순종의 의무들을 따라 행할 '선한 일'인 것이다.

목사가 없는 가운데서의 예배의 의무

13항에서 다룬바 "만인제사장론"과 관련하여 루터는 언급하기를 "경건한 평신도 크리스천들의 작은 무리가 포로가 되어 어떤 황야에 있게 되었는데 그들 가운데 주교로부터 성별을 받은 사제가 한 사람도 없었다고 하자. 그리고 그들이 황야에서 그들 중에서 한 사람을-그가 결혼을 했든, 안했든 택하여 그에게, 세례를 베풀고 미사를 드리고 죄를 사하고 설교하는 직무를 맡겨 주었다고 하자. 그렇다면 이 사람은 참으로 모든 주교들과 교황들이 성별한 사제와 꼭 같게 될 것이다. 반드시 필요한 때에는 어떤 사람이나 세례를 베풀고 사죄할 수 있다는 이유가 이것이다. 만일 우리가 다 사제가 아니라면 이러한 일은 불가능할 것이다."[115]라고 했다. 물론 이러한 예시는 극단적인 경우로서 참으로 불가피하며 비상적인 경우에 적용될 수 있는 것이지만,[116] 스코틀랜드 가정예배모범에서는 기본적으로 가장이 자기 가정의 가족들과 함께 드리는 가정예배나, 14항에서 언급하는 타국으로 여행을 떠나 공적인 목회자가 인도하는 예배에 참석할 수 없는 경우에 드릴 수 있는 예배와 같은 경우에도 적용될 수 있는 원리라 하겠다.

그런데 가정예배모범에서는 그럴 경우에라도 무분별하게 예배를

---

115) 지원용 역, 『말틴 루터의 종교개혁 3대 논문』, 31.
116) 이러한 예의 적용은 로마 가톨릭과 루터의 경우에 한정되어 언급되는 것인데, 특히 로마 가톨릭에서는 A·D 306년에 엘비라(Elvira) 공의회에서 인정되어 교회법으로 적용되었다.

드리지 않게 주의하도록 하고 있는데, "그 가운데서 그 모임을 인도하기에 가장 적합하다고 판단되는 사람을 주의하여 세"우도록 하라는 문구에 바로 그처럼 조심스러운 주의의 당부가 내포되어 있는 것이다. 분명 로마 가톨릭과 다르게 개혁된 교회로서의 장로교회에서는 직제(직분)에 있어서 우위(우월)를 인정하지 않지만, 직분과 관련한 충분하고 공적인 인정을 받지 못한 자들에 의해 무분별하게 직무가 다뤄지는 것에 대해서도 엄격히 부정하는 입장이다. 특별히 목회자의 경우에 더욱 특별한 훈련과 검증의 과정을 거쳐서 세워지도록 한 것은, 바로 그처럼 공적인 직분에 대한 부르심을 더욱 엄격히 검증하고 시험해야 함을 신중히 고려한 것이다. 마찬가지 이유로 가정예배모범에서도 4항과 5항, 그리고 마지막 14항에서 각각 가정과 부득이한 이유로 해외에 머물러야 하는 경우에 부르심에 합당한 자격과 시험을 통과할 만한 사람을 인도자로 세우도록 언급한 것이다. 이러한 주의를 기울이지 않고 아무나 즉흥적으로 세워서 예배를 인도하도록 하는 것은[117] 제1 스코틀랜드 신앙고백 제14조에서 말하는 "하나님 앞에서 선한 일들"이 아니라, 오히려 이와 반대로 행하는 죄에 해당하는 것이다. 그러므로 가정예배모범 14항은 덧붙이기를 "그러한 모임 가운데서는 부정한 대화를 하지 않도록 하며, 덕을 세우는 선한 말을 하여, 이를 듣는 자들에게 은혜를 끼칠 수 있도록 해야 한다."고 했다.

이처럼 각 가정의 가장들은 평소에 자신의 가정에 속한 가족들을 가정예배를 비롯한 경건의 훈련을 성실히 수행하고, 자신 뿐 아니라

---

117) 대표적으로 17세기에 극단적인 재세례주의자들의 일부 집단에서 즉흥적으로 설교자를 세우는 일이 있었으며, 현대의 은사주의자(혹은 성령주의자)들 가운데 일부 집단에서도 그처럼 즉흥적으로 인도자나 설교자를 세우는 경우가 있다.

가족 모두가 가정예배를 인도할 수 있을 만큼의 성숙을 이루도록 하는 일을 게을리 하지 말아야 한다. 그처럼 성숙하게 되었을 때에, 비로소 신자들 모두의 동등성 가운데 특별한 사역의 부르심이 가능하다고 보는 "만인제사장"의 원리를 온전히 실천할 수가 있는 것이다.

이 모든 지침들과 규범의 의도와 목적은 다른 것이 아니니, 한 편으로 교회(kirk)의 모든 목사들과 다양한 직업을 지닌 여러 성도들 가운데 경건의 능력과 그것의 실천을 중요하게 여기고 이를 고양할 수 있도록 하며, 모든 불경건과 신앙에 대한 비난을 억제하기 위함이다. 또 다른 한 편으로는 신앙 훈련이라는 구실 가운데서 오류와 스캔들, 그리고 분열을 일으키는 것을 막으며, 공적인 교회의 사역과 예배(publick ordinances and ministers)를 무시하며 경멸할 수 있는 모임이나 관행들을 허용하지 않기 위함이다. 아울러 그리스도인으로서의 의무를 소홀히 하거나 진리와 평화에 반하는 육(flesh)에 속한 악행을 제지하기 위함이다.

현대의 개신교회들에서는 원래의 종교개혁의 취지와 다르게 오히려 목회자와 신자들 사이의 구분이 뚜렷해지는 양상을 보이고 있다. 특별히 신앙과 관련한 거의 모든 일들은 전적으로 교회당에서 이뤄지고 정작 신자들 자신의 생활 가운데서는 신앙과 관련된 일들이 거의 전무하게 됨으로써, 암묵적으로 목회자와 신자들 사이의 경계와 구별이 뚜렷하게 되고 있다. 뿐만 아니라 그러한 현실적 구조[118]가운데서 역설적으로 현실의 필요와 요구가 교회에 반영되는 세속화(Secularization)가 급속히 이뤄지고 있다. 왜냐하면 신앙과 관련한 모든 필요들, 예컨대 가족들의 경건의 훈련과 일상적인 생활 가운데서 당연하게 여겨지는 일들(예: 휴식이나 오락 등)까지 교회당에서

---

118) 일종의 성속(聖俗)이원론의 구조라 하겠다. 그러나 그러한 구조는 전형적인 로마 가톨릭의 교회관으로서, 그런 교회관 가운데서 진정한 교회는 항상 사제를 중심으로 하여서만 가능한 로마교회의 독특한 교회론이 주장될 수 있는 것이다.

행하고자 하기 때문이다.

그러나 개혁된 장로교회의 신앙 가운데 작성된 스코틀랜드 가정예배모범에서는, 교회당에서 뿐 아니라 가정에서도 하나님 앞에서의 의무에 관련해서는 일상적인 일들을 오히려 멈추고 주의하는 가운데서 행하도록 했다. 그리하여 교회와 가정에서의 경건과 신앙의 성숙이 사회 전체에까지 덕을 끼치도록 하고 있는 것이다.

가정예배모범의 첫째 목적

스코틀랜드 가정예배모범의 모든 지침과 규범들은 기본적으로 교회를 위한 것이다. 개인주의화 한 오늘날의 문화 가운데서는 가정과 교회가 상당히 분리되어 있지만, 가정예배모범을 통해 강조하고 있는 것은 신자인 가장이 자신의 가정에서 목회적인 기능을 성실히 수행하도록 하는 것이며, 그 구체적인 방법들을 교회의 공적인 모임과 지도자들(주로 목사와 장로들)이 제공함으로써 교회와 신자들의 가정이 긴밀히 연계되도록 한 것이다. 그러므로 가정예배모범의 모든 지침과 규범들의 의도와 목적에 대해 먼저 밝히기를 "한 편으로 교회의 모든 목사들과 다양한 직업을 지닌 여러 성도들 가운데 경건의 능력과 그것의 실천을 중요하게 여기고 이를 고양할 수 있도록 하며, 모든 불경건과 신앙에 대한 비난을 억제하기 위함"이라고 한 것이다.

그런데 가정예배모범에서 제시하는 모든 지침과 규범들의 첫째 목적에 대한 언급 가운데 목사들만이 아니라 "다양한 직업을 지닌 여러 성도들 가운데 경건의 능력과 그것의 실천을 중요하게 여기고 이를 고양할 수 있도록" 한다는 문구에 대해 자세히 살펴볼 필요가 있다. 즉 개혁된 참된 신앙을 실천하는 일이 목사들의 목회직(the ministry)만이 아니라 여러 성도들의 다양한 직업 가운데서도 구현될 때에, 사회 곳곳에서 "모든 불경건과 신앙에 대한 비난"이 억제될 수 있는 것이기 때문이다. 반면에 중세까지의 로마 가톨릭적인 신앙관 가운데서는 거룩하고 성(聖)스러운 신앙의 영역은 주로 사제들이 머무르는 교회였으며, 그 외의 일상적인 영역들은 속되고 부정한 영역이라고 보았다. 그러므로 교회의 신앙과 세속적인 가치관들은 서로 긴밀한 관계로 엮어져 있으면서도, 그 원리에 있어서는 전혀 별개인 이원론적 구조였던 것이다.

그러나 스코틀랜드 가정예배모범이 바탕으로 하는 신앙 가운데서의 모든 지침들과 규범들은 오히려 교회의 신앙이 사회 곳곳에 흩어져 영향을 미칠 수 있는 것을 목적으로 하고 있으니, 바로 그러한 신앙을 "만인제사장"과 "직업소명"의 가치관이 이론적으로 확고히 제공해주었던 것이다. 즉 모든 신자들이 예수 그리스도로 말미암아 제사장적(혹은 목회자적) 소명을 가졌으니, 가장을 중심으로 가정은 하나의 교회를 이루는 것일 뿐 아니라 모든 신자들이 사회에서 수행하는 직업들 또한 성직(목회직)과 마찬가지로 하나님의 부르심 가운데 있는 거룩하고 복된 것이라는 인식이 가능한 것이다. 실제로 중세 때에 까지만 해도 동양(Orient)보다 낙후되었던 서양문명이 급속히 성장할 수 있었던 배경에는 종교개혁자들의 신학과 개신교 신앙(Protestantism), 특히 칼빈주의 신학에 기반을 둔 개혁신학과 교회(개혁파 장로교회)들의 영향이 절대적이었다. 바로 그러한 대사회적 영향력의 기반이 교회의 모든 지도자들과 각 가정의 가장들에 의해 수행되는 목회(ministry)적 기능들로 말미암은 것이다.

안타깝게도 그러한 시대에도 종교개혁의 움직임만 있었던 것은 아니었으며, 그와 동시에 르네상스(Renaissance)의 인본주의적 움직임이 함께 터져 나왔으니, 그것이 계몽주의(Enlightenment)와 이성주의(혹은 합리론)의 흐름 가운데서 "불경건과 신앙에 대한 비난"을 가하게 된 역사로 이어졌다. 그러므로 우리들은 비교적 짧은 16-17세기 동안의 개혁된 신앙이 산출한 스코틀랜드 가정예배모범의 지침들과 규범들에 담긴 원리와 정신들을 다시 지향함으로, 교회와 가정이 유기적으로 연계될 수 있도록 진력해야 하겠다.

가정예배모범의 둘째 목적

스코틀랜드 가정예배모범은 이미 언급한바 "만인제사장"의 이론을 바탕으로 성직과 세속적인 직업을 엄격히 구분하지 않고 모두가 각자의 직업 가운데서 부르심에 합당한 경건의 능력과 실천을 추구하도록 할 뿐만 아니라, 그러한 실천 가운데서 부주의하게 오해하여 빠질 수 있는 오류에 대해서도 경계토록 하는 목적을 또한 지니고 있음을 끝으로 언급하고 있다.

그런데 현대의 교회들에서는 급속한 세속화가 이뤄지고 있는데, 그러한 세속화의 주된 원인 가운데 하나가 또한 만인제사장의 이론에 대한 오해와 그로 말미암은 오류에 기인하고 있다. 그러므로 가정예배모범에서 밝히는 둘째 목적은 현대의 교회들, 그 가운데서도 개혁된 신앙을 추구하는 장로교회들에서 반드시 이해하며 기억해야만 하는 중요한 것이라 하겠다.

여기서 둘째 목적에 대해 좀 더 구체적으로 살펴보면, 먼저 "신앙 훈련이라는 구실 가운데서 오류와 스캔들, 그리고 분열을 일으키는 것을 막"기 위함이라고 했으니, 이는 6항과 7항, 그리고 스캔들에 관해서는 13항의 문구에서 주로 경계했던 내용이다. 두 번째로 "공적인 교회의 사역과 예배를 무시하며 경멸할 수 있는 모임이나 관행들을 허용하지 않기 위함"이라고 했는데, 가정예배를 비롯한 기타의 모든 사적인 모임들은 교회당에서 공적으로 모여 드리는 예배나 사역에 방해를 초래하지 않도록 주의할 것을 언급하고 있다. 이는 특별히 마지막 14항에서 언급한 부득이한 경우의 모임이나 예배라 할지라도 교회의 공적인 사역과 예배에 역행하는 것이 되지 않도록 각별히 조심하여 시행토록 한 내용이다. 하지만 현대의 교회들은 오히려 이처럼 조심하여 시행토록 하는 모임들을 빈번하게, 혹은 정기적으로 갖도록 권장하는 경우가 많다. 여러 차례 언급한 셀 교회론(Church is Cell)에 근거한 목회나, 평신도 사역자론과 같은 프로그램들에서는 작은 모임들의 활성화와 그 가운데서의 소위 평신도 리더십이 강조되곤 하는데, 그러한 프로그램들은 오히려 가장에 의해 실시되도록 한 가정예배에 방해가 되거나, 그러한 프로그램으로 말미암아 교회의 분란을 초래하는 것과 같은 피해사례들이 빈번하게 노출된다는 점에서 우려할만한 프로그램들이라 하겠다.

끝으로 언급하는 폐단은 "그리스도인으로서의 의무를 소홀히 하거나 진리와 평화에 반하는 육에 속한 악행"을 범하게 되는 우려인데, 이는 교회에서의 공적인 사역이나 예배가 각 가정에서 실제적으로 실천될 수 있도록 하는 목회에 있어 필수적인 사항이라 하겠다. 특별히 신자라 할지라도 육(flesh)에 속한 가운데 있을 때에는 부패한 본성(Total Depravity)이 발현되기 마련이기에, 항상 말씀 가운데서 그리스도인으로서의 소명에 따른 의무(기도와 감사의 의무)를 소홀히 하지 않도록 함으로써 이를 억제하고 회피할 수 있어야 하는 것이다. "중생"(regeneration)에 대하여 잘못 이해하는 경우에 신자들은 그리스도 안에서 모든 것들이 용서되는 것이기에 죄가 적용되지 않는다고 주장하는 것을 볼 수 있는데[119] 그러한 이해는 사람의 전적인 타락이 얼마나 심각한 것인지에 대한 무지와 간과로 말미암은 것이다. 더구나 그러한 오류(이단설)가 유입되는 주된 경로가 바로 성경공부나 신앙생활이라는 미명하에 사적으로 시행하는 모임들이며, 그로 말미암아 그러한 모임에서 뿐 아니라 교회 안에까지 스캔들(scandal)과 분열을 초래하는 경우들을 한국의 많은 교회들 가운데서 찾아볼 수 있다. 바로 이러한 폐단들 때문에라도 가장이 가정예배를 성실하게 잘 인도할 수 있도록 교회의 모든 지도자들, 특별히 목회자들의 지도가 필요한 것이다. 마치 교회가 공적인 부르심 가운데서 목회사역자인 목사를 세우듯이, 동시에 신자들의 가정에 대해서도 가장을 세워 자기 가정에 대한 목회사역을 감당할 수 있도록 지원하고 지도해야 마땅한 것이다. 그렇게 함으로써 비로소 교회의 공적인 신앙은 가정과 개인에게까지 실제적으로 전수되며, 그럼으로써 사회 가운데서 여러 다양한 직업으로 활동하는 신자들이 "경건의 능력과 그것의 실천"으로서의 영향을 끼칠 수가 있는 것이다. 그러므로 개혁된 신앙을 추구하는 장로교회의 목회자들이라면 더더욱 자신의 목회사역에 있어서, 가정을 인도하는 가장을 세워 가정예

---

119) 대체적으로 구원파 계열의 이단들이 그러한 주장을 펴는데, 한국에 있는 대부분의 이단들이 그러한 이단설의 아류들이다.

배를 성실하게 드리도록 하는 일에 많은 비중과 노력을 기울여야 하겠다.

책을 묶으며··

1647년에 스코틀랜드 장로교회의 총회(The General Assembly of the Church of Scotland)에서 의결하여 인준한 지침과 규범인 가정예배모범(The Directory for Family Worship)은 스코틀랜드와 잉글랜드의 정치적 판세의 변화와 함께 매우 짧은 기간 동안밖에는 사용되지 못했던 것으로서, 웨스트민스터 신앙고백과 대·소교리문답이 그랬던 것처럼 지극히 짧은 역사 가운데 존재했던 문서다. 그러므로 혹자들은 그처럼 실효성을 충분히 입증하지 못한 문서들이 오늘날의 시대에 과연 얼마나 효력이 있겠느냐고 반문하곤 한다. 그러나 성경이 그렇듯이 참된 신학과 신앙의 실천은, 역사 가운데 얼마나 실효성이 있었느냐의 기준이 아니라 얼마나 성경의 진리에 부합하느냐의 여부로서 판단되고 실천되어야 마땅한 것이다.

사실 현대의 많은 교회들에서 목회사역을 감당하는 사역자들이 부담하는 가장 큰 고충은 바로 "부흥" 혹은 "성장"이라는 단어에 함의되어 있는 교세(敎勢)의 양적 증가에 있을 것이다. 그러므로 소위 "교회 성장학"(Church Growth Theology)이라 불리는 학문의 영역 가운데서 수많은 부흥과 성장전략이 유행으로 번졌었는데, 그 가운데에는 "셀(Cell)교회"나 "알파"(α), 그리고 "두 날개"(two wing)와 같은 프로그램들을 통해 "소그룹"(small group)모임의 활성화가 크게 유행했다. 그런 가운데서도 "주일학교"(sunday school) 방식의 교회교육은 지속적으로 이루어졌는데, 기독교적 문화 가운데서 할 수 있는 거의 모든 행사들을 교회당에 모여서 실행해 보았다고 해도 과언이 아닐 정도로 다양한 시도들이 계속해서 이뤄졌다.

그런데 우리들이 그동안 간과하고 있었던 것이 있으니, 그것은 부흥주의를 바탕으로 하는 교회성장학이나 주일학교 운동 등 거의 모든 교회 프로그램들이 기존의 교리체계와 상관이 없이 이뤄지는 것들이라는 사실이다. 그리고 기존의 교리들과 거의 상관없이 이뤄진 프로그램들을 시행해 본 결과를, 우리들은 이미 충분히 경험했다. 그리하여 이제 한국의 개신교회도 후기 기독교시대로 접어들어 있으며, 새로이 믿음을 갖게 된 신자들보다는 주로 기존 교회들에서 소위 "수평이동"을 하는 신자들의 이동이 중심이 되는 가운데 있다. 하지만 그런 가운데서도 기존의 신자들 대부분이 신앙의 기초에서부터 너무나 부실한 가운데 있어서, 각자 자신의 취향이나 형편에 따라 참석할 교회를 찾는 상황이 되어버렸다.

그러나 개신교의 시작은 16세기 종교개혁을 주도했던 신학자들의 신학사상과 그들에 의해 개혁된 신앙을 지지했던 신자들에 의해 형성한 교회들을 통해 실제적으로 시작되었는데, 그 꽃을 피웠던 시대가 바로 17세기로서 그 시기에 유럽에서는 거의 모든 지역마다 신앙고백서와 교리문답을 작성하여 공표했다. 그리고 그 때에 일반적인 신앙의 풍토는 각자의 감정과 주관적인 체험을 중심으로 하는 것이 아니라, 철저히 성경에서 우리에게 가르치고 있는 진리가 어떤 체계인지에 대한 고백과 가르침에 있었다. 그러므로 신자들의 가정에서도 신앙은 각자의 경험이 주축인 것이 아니라, 함께 모여 가정예배를 드리고 교리문답을 공부하거나 공적 예배에서의 설교를 함께 되돌아보며 숙지하는 형식이었다. 특별히 장로교회의 신자들에게 있어서는 거의 그러한 방식으로 신앙생활이 이루어졌으며, 그런 가운데서 무수히 많은 신학자들이 배출되었는데, 그 시대의 목회자들과 신학자들의 경건과 학문의 수준은 가히 어떤 시대의 종교인들이나 현인들이 넘보기 어려울 만큼의 수준이었다. 그러므로 그들에 의해 작성된 수많은 책들과 문서들을 발굴하고 공부하는 일은, 기존의 교리체계를 자유로이 떠나 온갖 발상들과 새로운 아이디어로 목회 프로그램들을 개발하여 시현했었던 우리들의 시대, 특별히 그런 프로그램들이 양산하는 결과가 무엇인지에 대해 충분히 입증해주고 있는 한국의 기독교에 있어서 꼭 시도해볼 만한, 아니 해야만 하는 일일 것이다. 더구나 이제는 교리의 체계 가운데서 신앙수련을 하는 일이 생소하고 새롭게 느껴지는 시대가 되었으니, 새로움만을 추구했던 기독교 문화에 내실 있는 옛 진리의 방편들을 더욱 적극적으로 추구해볼 적기(適期)가 아닌가 생각된다.

그런데 문제는 교리에 대해 관심을 갖고 오래도록 연구한 바른 목회자가 극히 드물다는 점이다. 더구나 최근 몇 년 사이로 교리에 대한 관심이 반짝 일어났지만, 벌써부터 교리만 공부해가지고는 안되겠다는 목소리들까지 나오는 실정이다. 하지만 교리공부는 평생에 걸쳐서 할 수 있고, 또한 평생에 걸쳐서 해야 할 만큼 끊임없이 솟아나는 샘물과 같다. 그러므로 교리에 대한 더욱 깊은 관심을 가지고 오래도록 진리의 물을 길어내다 보면, 어느새 성숙하게 사고할 줄 아는 신자들로 성장하게 될 것이며, 그런 신자들이야말로 후기 기독교 시대에 절실히 필요한 성도(saint)들일 것이다. 무엇보다 현대 기독교 신앙의 폐단 가운데 심각한 것은 신앙과 생활의 분리에 있는데, 특히나 예배당 중심으로만 이뤄지는 기독교 신앙의 실천은 각자의 생활터전에서는 예배당에서와 달리 세속의 가치관과 문화를 고스란히 좇아 따르는 다른 방식으로 되어 있다. 함께 모여 추구하고 나누었던 신앙과 경험들이, 역설적이게도 각자의 생활에 전혀 접목되지 못하는 것이다. 그러나 필자가 은혜 가운데 손에 넣어 살펴보았던 옛 스코틀랜드의 가정예배모범을 보면, 17세기에 잠시나마 꽃을 피웠던 장로교회의 목회와 신앙이 얼마나 생활과 유기적으로 결합되어 있었는지를 알 수가 있다. 그 시대의 장로교인들의 신앙과 생활은 웨스트민스터 신앙고백 제1장 2항에서 고백하는 바와 같이 성경이 "신앙과 생활의 (유일한) 법칙"이 되었던 것이다. 그러므로 그들에게 있어서는 예배당에 모여 함께 공적인 예배를 드리는 가운데서의 신앙 못지않게 중요했던 것이 각 가정에서 가정예배와 개인예배를 통한 신앙의 훈련들이었다. 또한 교회의 목사와 모든 지도자들도 그러한 훈련을 위해 지원과 지도를 전혀 게을리 하지 않았던 것이다.

현대의 교회들 가운데 한동안 "평신도훈련"이라는 말이 크게 회자되었던 적이 있고, 지금도 많은 교회들에서 평신도를 훈련하여 목회자와 함께 동역하도록 해야 한다고 말하면서 "만인제사장론"을 주장하는 것을 볼 수 있다. 그리고 종교개혁의 시대에서부터 모든 신자들이 사제들과 동일한 성도들이었다고 강조하는 것을 볼 수 있는데, 사실 그러한 내용들을 실천하는 것이 어떤 모습인지를 가장 잘 보여주는 예가 바로 옛 스코틀랜드의 가정예배모범이다. 옛 스코틀랜드의 장로교회에서는, 교회의 공적인 목회자인 목사들과 직분 자들(장로, 집사)만이 아니라 모든 가정의 가장들이 자기 가족들을 지도하며 목양하는 실질적인 목회자들이었던 것이다. 그러므로 이를 잘 독려하고 지도하는 것이 목사를 비롯하여 교회의 중요한 관심사였다. 그리고 그렇게 하여 교회는 더욱 공교히 세워지며, 신앙의 유일한 법칙(규범)으로서의 성경이 가장 실제적으로 생활에까지 연계될 수가 있었던 것이다.

결국 이 책의 결론은 가정예배의 실천과 성숙이야말로 교회를 든든하게 세우는 원천이라는 점이다. 그리고 가장은 그러한 원천을 일구는 일꾼으로서, 자신에게 맡겨진 가정에서 실제적으로 사역하는 목회자라는 사실이다. 따라서 교회의 공적인 사역자인 목사의 주된 관심 가운데에는, 가정에서의 목회로 동역하는 가장들을 잘 양육하고 지도하는 일이 중요하게 자리하고 있어야 마땅하다. 그렇게 해서 세워지는 가장들이 자신의 목회에 걸림돌이 아니라 가장 든든한 동역자요, 교회의 든든한 기둥들이 되는 것이다. 그런 만큼 이 시대에 바로 그렇게 세워진 교회들이 곳곳에서 융성할 수 있기를 기도하며 책을 묶는다.

부록-1

Q · T를 보완하는
'C · T'(Creed Time)의 제시

성경읽기를 생각할 때에, 우리들은 기본적으로 "읽기"와 "듣기"의 관계를 역사적으로 이해할 필요가 있다. 왜냐하면 성경이 누구나의 손에 들리게 된 것은 수백 년의 비교적 짧은 역사 가운데서 비로소 가능해진 것이기 때문이다. 앞에서 간략하게 살펴본 렉시오 디비나는 중세 이전 수도원 전통에서 사용된 지극히 제한적인 사람들(수도사들)의 읽기 방법으로, 오늘날과 같이 누구나 책으로서 성경을 접하여 읽게 된 것은 종교개혁과 함께 인문주의(Humanism & Renaissance)의 배경 가운데서 아주 점진적으로 이뤄진 변화의 양상이었다. 한마디로 중세시대까지도 읽기는 소수의 성직자들과 귀족들이나 실행할 수 있는 것이었고, 대부분의 민중들은 읽기가 아니라 듣기(사제들이 읽은 것을 듣는 것)만이 가능한 상태로 성경을 접했던 것이다.[1]

사실 성경(약 1,600년가량의 시간적 배경)은 아주 오래도록 읽기와 듣기의 조합 가운데서 전수되었다. 특히 구약시대에서 신약시대에 이르기까지 성경은 소수의 성직자들과 장로들에 의해 읽혀지고, 다

---

[1] 이와 관련한 구체적 내용은 Steven Roger Fischer 신기식 역, 「읽기의 역사」, (서울: 지영사, 2011), 제5장의 내용들을 참고하라.

수의 백성들은 그것을 들음으로써 공유되고 전수되는 형태 가운데서 보전(保全)된 것이다. 하나님의 말씀인 성경은 영감(Inspiration)을 통해 기록되었을지라도, 그 보전에 있어서는 구어(口語)적인 형태와 문어(文語)적인 형태가 긴 역사를 두고서 사용된 복잡하고도 독특한 성격을 지니고 있기 때문에, 읽는 것 뿐 아니라 의미전달에 있어서의 교사들의 역할과 성령님의 지도가 어우러져서 비로소 영적인 양식으로서 공급되는 독특한 하나님의 말씀인 것이다.

이러한 읽기와 관련된 역사적 배경 가운데서 렉시오 디비나를 생각해 보면, 그것은 기본적으로 수도원 공동체의 성격과 운영방식에 기인하는 프로그램임을 알 수 있다. 즉 라틴어를 아는 소수 성직자들이 소수의 집단적인 폐쇄성 가운데서, 일종의 수행(修行)의 방편으로 사용했던 성경읽기 방법이었던 것이다. 반면에 그러한 렉시오 디비나의 방법과 분명히 다른(구별된) 개신교 신앙에서의 성경읽기는 종교개혁의 시대를 이해하는 바탕과, 참으로 개혁된 신앙의 내용과 취지에 대한 기본적인 이해를 바탕으로 비로소 바르게 개념을 가질 수가 있다.

1) '읽기'에 있어 중요한 것

일반적으로 고대문화에서 '읽기'란 '듣기'였는데, 문자의 용도 자체가 제한적인데다[2] 그 문자를 판독하는 일도 흔치 않았기 때문에

---

2) 고대사회에서 문자는 계약, 계산 등과 관련하여 제한적으로 사용되었으며, 기록된 문서 자체도 희소(稀少)했기 때문에 읽는다는 것은 시각이 아니라 청각이 흔히 동원되는 형태였다 (상게서 pp. 13-7 참조). 창세기 11장의 바벨과 관련한 본문은 당시에 언어(口語)가 혼잡해지므로 그들이 온 지면으로 흩어지니라(창 11:9)고 했는데, 이는 곳 아직 문자(文語)가 생기기 이전의 의사소통의 어려움을 말하는 본문이라 하겠다.

일반 대중에게 읽기란, 곧 듣기였던 것이다. 이는 구약시대 이스라엘의 문화와 전통에서도 마찬가지여서, 일반적으로 모든 백성들이 율법을 읽었던 것이 아니라 족장이나 율법사가 낭독하는 것을 듣는 방식으로 이뤄졌다. 그러므로 구약 백성들의 신앙에서 중요한 것은 들음이었으니, '들으라(שמע)'는 말이 구약에서 반복적으로 사용되었던 것에는 바로 이러한 문화적인 특성이 내포되어 있다. 또한 그러한 문화 가운데서는 '암기'가 중요했고, 암기를 위해 중얼거리며 읊조리는 것이 보편적이었는데, 구약성경 시편에서 대표적으로 언급하고 있는 '묵상'이란 곧, '읊조리는 것'을 말한다.

그러나 사실 읽기에 있어 진짜 중요한 것은 '의미'다.[3] 그처럼 중요한 의미의 전달은 아직 문자가 있기 전까지는 읊조리는 가운데서 암기함으로서 가능했던 것이기 때문에, 읊조리는 행위 자체는 문자와 같이 일종의 기호(記號)의 기능을 했을 뿐이다. 그러므로 구약의 족장이나 선지자, 율법사들이 반드시 의미전달을 위한 도구(代言하는 도구)로서 사용되었던 것이다. 즉, 의미전달을 위한 도구인 사역자들(족장, 선지자, 율법사 등)과 문자의 기능을 하는 읊조림을 통해 하나님의 말씀이 전달되고 전수되었던 것이니, 그런 사역자들을 계승하는 것이 바로 '목사' 직분의 독특한 직임(職任)이다.

이를 간단히 정리해보면, 고대의 구약시대에 하나님께서 말씀하시면 선지자들이 듣고(Inspiration) 이를 백성들에게 전달했는데, 초기의 전달방법은 문자가 아니라 언어로 이뤄졌다. 그러므로 그처럼 전달하고자 하는 의미들은 주로 암기를 통해 전달될 수 있었고, 암기

---

3) 앞의 책 13

하는 좋은 수단이 바로 읊조림이었다. 이후로 문자가 생기고[4] 그 때까지 전수(傳受)된 하나님의 말씀을 기록한 성경(돌판, 파피루스)을 족장이나 율법사들이 백성들에게 낭독하면, 백성들은 이를 들었는데, 이는 지금 우리들이 성경을 읽는 것과 같은 행동이다. 또한 족장이나 율법사는 기록된 율법을 낭독할 뿐 아니라 그 의미를 이해시키는 역할도 수행했다. 현대교회의 '목사'들은 바로 그처럼 족장과 율법사들의 역할을 수행하는 것인데, 다만 성경을 낭독하는 것보다는 의미를 전달하는 사역[5]에 중점을 두어 수행하는 점에서 족장이나 율법사들과 다소 차이가 있을 뿐이다. 아울러 현대교회에서 율법(성경)을 낭독하는 일은 목사가 하지 않더라도 모든 성도들이 성경을 읽음으로 스스로 할 수 있게 되었다.

2) '읽기'에 있어서의 개혁된 신앙(개신교 신앙)의 특성

이미 언급한 바와 같이, 읽기에 있어서 중요한 것은 '의미'의 전달과 이해다. 마찬가지로 우리들이 성경을 읽음에 있어 중요한 것 또한 그 본문의 의미에 있는 것이다. 또한 그처럼 성경을 통해서 하나님의 말씀을 전달하는 일은 일차적으로 문자가 있기 전에는 족장들에 의해 암기된 것을 말하므로, 문자가 있은 이후로는 주로 율법을 전담하는 교사(율법사)들에 의해 읽혀짐으로 전달이 되었는데, 신약

---

4) 성경은 문자가 언제 생겨난 것인지에 대한 언급이 없지만 최소한 모세시대 때에 문자가 있었던 것은 분명한데, 모세는 하나님의 말씀을 듣는 자와 이를 전달하는 자, 그리고 의미를 풀어주는 자로서의 독특한 직무를 감당했다.
5) 이러한 사역의 도구는 목회자 뿐 아니라, 신조 혹은 교리로서 좀 더 넓게 수행될 수 있다. 즉 사람이 수단으로 사용되지 못하게 되는 때에라도, 진리 그 자체로서 정립된 바른 신조와 교리들이 그러한 역할을 수행할 수가 있는 것이다. 바로 이러한 점에서도 신앙에 있어 교리는 참으로 중요한 것이다.

시대부터 당시의 국제어였던 헬라어로 성경이 필사되어 더욱 널리 읽혀(낭독)질 수 있었다.

그러나 기독교가 로마가톨릭으로 바뀌고 라틴어성경(Vulgata)이 공인된 이후로 모든 성경이 라틴어로만 기록됨으로 인해 성경읽기는 소수 성직자들이나 귀족들만의 전유물이 되었고, 중세시대 후반까지 대부분의 성도들은 더욱 듣기로 대체된 성경읽기만이 가능했다. 더구나 기독교 신앙이 미사(Mass) 중심으로 되면서 성도들의 신앙은 더욱 미신적이 되었는데, 그런 가운데서 정작 라틴어성경을 읽을 수 있는 소수의 성직자들 가운데서는 수도원을 중심으로 발달된 렉시오 디비나의 읽기(주관적 읽기)가 성행했었다.

이처럼 기독교가 로마가톨릭 신앙으로 변모하게 되면서 발생한 근본적인 타락은, 성경을 읽고(낭독하고) 그 의미를 풀어 전달해주었던 교회의 교사들이 사라지고 제사를 집례하는 자들로서 있는 사제(Sacerdos, Pries)들이 중심이 되었다는데 있었다. 바로 그러한 기독교의 타락으로 인해 성도들 대부분은 사실상 성경을 읽을 수 없게 되어 버렸던 것이다. 더구나 소수의 사제들마저도 성직 매매로 인해 점차 글(라틴어)를 읽을 수 없는 자들로 채워지게 되자, 사실상 성경 본문들의 의미가 전혀 전달되지 않는 암흑기(Dark Age)가 도래(到來)하고 말았다.

하지만 16세기 이후로 17세기까지의 기간 동안 종교개혁(religious reformation)과 인문주의(humanism)와 르네상스 (Renaissance)의 분위기 가운데서 개신교(Protestantism)로써 재형성된 기독교 신앙은 다시 성경의 의미를 파악하고 읽는 것이 신앙의 중심을 이루게 되었는데, 종교개혁이란 바로 그처럼 다시 순수한 진리의 성경을 널리 읽고, 그 의미를 바르게 가르치는 자들(목회자)이 중심이 된 종교로의 개혁이었던 것이다. 그러한 가운데서 이제 성경을 읽는 일(낭독된 것을 귀로 듣는 것이 아니라 글로 된 것을 직접 눈으로 읽는 것)은 성도들이라면 누구나 할 수 있게 되었고, 다만 성경의 참된 의미를 전달하고 가르치기 위한 사역자로서 목사의 직분이 더욱 특별히 자리하게 되었던 것이 바로 개혁된 개신교 신앙의 가시적인(눈에 띄는) 특성이다.

3) 개신교 신앙에서의 바람직한 '읽기'

교회에 있어서 참된 신앙은 항상 하나님의 말씀인 성경을 중심으로 전수되어 왔었는데, 그 핵심적인 기능(성경말씀을 통해 하나님과 하나님께서 명하신 것을 깨달음)은 성령(보혜사)께서 수행하실지라도, 그 형식 혹은 도구는 대부분 인간 사역자들(선지자, 족장, 율법사, 사도, 교사, 목사 등)이었다. 그리고 그런 사역자들은 하나님의 말씀인 성경이 점차 기록되고 완성됨에 따라 더욱 읽는 자(낭독하는 자)로서보다 가르치는(의미를 전달하는) 자로서 자리하게 되었는데, 성경읽기(글을 직접 보고서 읽기)가 보편적이 된 이후에도 그 의미를 전달해주는 자로서의 목사의 독특한 직분이 오히려 더욱 필요했던 것이 개신교 신앙의 중요한 특징이다.

그런데 로마가톨릭은 중세 이후로 수도원을 중심으로 하여 렉시오 디비나의 읽기가 번창했고, 지금도 여전히 렉시오 디비나와 같이 개인적이고 주관적인 수행법으로서의 성경읽기가 보편적인 특성을 유지해 오고 있다.[6] 반면에 개신교 신앙에서는 단순히 성경을 읽는 것만이 아니라, 의미를 정확히 통일되게 이해하는 것이 중요한데, 종교개혁 이후로 이를 위해 독특하게 사용된 것이 바로 '교리문답(catechism)'의 형식이었다. 종교개혁과 르네상스 가운데서 성경이 자국(自國)의 언어들로 번역되고 인쇄되어 널리 읽힐 수 있게 되었어도, 그 의미의 전달은 문자만으로는 가능하지 않았기 때문에 교회의 특별한 가르치는 직분(항존직)인 목사가 그 기능을 수행했고, 가정에서는 가장(아버지)이 가족들에게 그 기능을 수행했던 것(문답을 했던 것)이다. 아울러 앞에서 어거스틴, 루터, 에라스무스, 칼빈을 언급하여 살펴본 것에서 알 수 있듯이, 렉시오 디비나(또한 같은 맥락에서의 Q · T)와 같이 하나님의 말씀을 직접적으로(신비주의로) 듣고 의미를 이해하려는 방식이 아니라, 철저히(객관적으로) 성경을 매개(媒介)로 해서 말씀의 의미를 깨닫도록 하는 구체적인 변모가 개신교 신앙에서의 중요한 특성이자 바람직한 자세다.

그러나 현대의 개신교, 그 가운데서도 한국의 개신교에서는 교리문답이 제대로 정착된 적이 없을 뿐 아니라 소개조차 제대로 되지 않았었기 때문에, 널리 사용되고 있는 Q · T로서의 성경읽기가 아직까지도 그 자리를 굳건하게 차지하고 있는데, 사실 그러한 Q · T는 속히 점검되고 보완되어야 마땅하다. 일례로 Q · T식의 성경읽기가 널리 사용되는 가운데서 개신교 신앙은 공통된 텍스트(text)를 읽음에도 불구하고 그 의미는 천차만별(千差萬別)인 기형적 신앙의 형태

---

6) 로마가톨릭은 신앙의 중심에 항상 '미사'가 자리하고 있는데, 성경의 읽기(의미에 대한 이해)가 각자 다를지라도(심지어 사제들마다 다르다고 해도) 미사라는 공통성 가운데서 독특하게 융화될 수 있다는 특성을 항상 유지해 오고 있다.

들을 양산했으며, 그로인해 '공교회(Catholic Church)'적인 의식[7]을 아직도 형성하지 못한 실정이다. 그러므로 이에 대한 보완이 시급한 데, 필자가 제안하는 'C·T(Creed Time)'는 그처럼 공적(公的)신앙의 일치를 위한 하나의 대안이다.

C·T의 특성

현대의 개신교, 그 가운데서도 장로교회들조차도 신앙의 '공교회성'을 상실해버린 지 이미 오래다. 그리고 그 한가운데에, 개인적인 신앙훈련의 수단으로 거의 유일하다시피 한 Q·T에서의 주관주의, 신비주의 등의 문제가 여전히 자리하고 있는 실정이다.[8]

사실 성경읽기의 어려움은 보편적으로 의미이해의 어려움에 기인하는 경우가 대부분이다. 그런데도 불구하고 Q·T에서는 '적용'과 '실천'을 위해, Q·T지를 중심으로 인위적인 실천을 당장에 유도하는 행동주의적 양상을 보여주고 있다. 그러므로 이제 그처럼 근본적이고도 현실적인 문제들을 타파(打破)하는 전초(前哨)로서의 C·T(Creed Time)가 가지는 특성들을 생각해 보자.

---

7) 그것은 단순히 조직교회의 공통된 연합을 말하는 것이 아니라, 더욱 근본적으로 신앙의 공통된 일치를 말하는 것이다. 그러므로 신앙에 있어서 '주관주의'의 폐단은, 바로 그러한 공통된 신앙의 일치를 전혀 이룰 수 없다는 점에서 심각한 것이다.

8) 이 세 특성 가운데서 가장 주의해야 하는 것이 바로 '신비주의' 인데, 이 신비주의는 기본적으로 주관주의를 바탕으로 하며, 아울러 그렇게 함으로서 공교회성을 깨뜨려서 결국에는 다원적인 형태의 종교관으로 치닫게 된다. W·C·C의 일치운동의 밑바탕에는 바로 그처럼 신비주의로서의 종교경험에 근거하여 타문화의 종교에 대해서도 대화를 시도하는 일관된 맥락이 깔려 있는데, 개신교에서는 주로 '은사주의운동' 이 그처럼 신비주의적인 성격을 보이며, 좀 더 완곡하게는 성경본문의 진리를 벗어나서 주관적이고 경험적인 신앙을 추구하는 것이 바로 은사주의요 신비주의의 맥락과 연계되는 것이라 하겠다.

1) C · T는 객관적인 성경읽기를 지향한다

Q · T지들이 지향하고 있는 성경연구의 방법은 대부분 '귀납법적 성경연구(Inductive Bible Study)'인데, 일반적으로 귀납법적 성경연구란 여러 분석들과 관찰들을 취합하여 일반적인 결론의 명제를 도출하는 방법이다. 즉 본문에 대한 폭넓은 분석과 사고 가운데서 임시적인 결론에 이른 개념들을 종합하여 최종결론을 도출하는 것이다. 이를 위해 일반적으로 성경 본문에 관한 기존의 해석이나 결론들을 일단 유예(猶豫)하는 것이 대부분이다. 또한 렉시오 디비나에서 유래한 Q · T의 방식은 '나에게 주시는 말씀'이라는 말이 단적으로 드러내 주듯이 본문의 주관화(主觀化), 혹은 내재화(內在化)가 수반되기 때문에 그 어떤 해석이나 결론도 상대적이기 마련이다.

사실 Q · T는 처음부터 '적용(application)'과 '실천 (practice)'을 염두에 두고 있기 때문에 일관된 적용과 실천이 아니라 저마다의 적용과 실천이 도출될 뿐이다. 따라서 처음부터 귀납적 성경연구방법이 적용되기에 무리가 따른다. 왜냐하면 개인적인 묵상 가운데서 얻은 결론은 취합하여 종합할 수 있는 것이 아니라, 그 자체로 개인적인 의미를 지니는 것일 뿐이기 때문이다.

그러나 'C · T(Creed Time)'의 바탕은 기본적으로 성경본문에 대한 전문적이고 오랜 연구의 결과로 도출된 것이며, 교회사를 통하여 공적으로 검증된 결론들로 된 '교리(혹은 신조)'를 근거로 하는 것이기 때문에 역사적이고 객관적인 성경읽기 방식이라 할 수 있다. 또한 전체 성경의 본문들을 종합하고 아우른 결론으로서 작성된 것이기에, 기본적으로 그 성격은 통시적(diachronic)인 것이다. 그러므로 'C·T'로서의 성경읽기는 기본적으로 종합적이며 객관적이라 할 수 있다.

2) C·T의 성경이해는 탐구가 아니라 '학습'이다

Q·T로서의 성경읽기는 기본적으로 본문을 통해 주관적인 의미를 탐구하는 일종의 수행(修行)의 방식이다. 그러므로 '묵상'이 강조되는데, 구체적인 묵상법에 있어서는 '관상기도'(meditation prayer)가 사용되고, 심지어 동방 정교에서 보편화되어 있는 짧은 기도문을 계속적으로 반복하는 '예수기도'(Sinaite Hesychasm에서 유래)나 관상의 수단으로 활용되는 기도인 '향심기도'(centering prayer)까지 추천되기도 한다.[9]

그런데 그러한 수행의 방법들은 모두 신비주의와 관련되어 있는 중세시대와 로마가톨릭의 수도원에서 유래한 것들이다. 반면에 C·T는 교리를 사용하여 성경본문의 의미들을 종합하는 방식으로 되어 있기 때문에, 기본적으로 '탐구'가 아니라 '학습'하는 것을 지향하고 있다. 비록 개인적으로 실행할지라도 성경 본문을 내재화하여 신비적으로 탐구하는 것이 아니라, 객관화하여 공적으로 학습할 수 있는 성격인 것이다. 물론 그것은 신학적인 깊이를 내포하고 있는 교리들을 바르고 깊게 이해하는 것이 필요하기에 신학적인 도움이 반드시 필요하지만, 결코 신비주의와는 무관한 방식으로 객관적 지도를 받을 수가 있는 것이 바로 C·T다.

---

9) 천만큐티운동본부, 「큐티 세미나-중급반 교재」, (서울: 두란노서원, 2011), 68-9.

3) 'C · T'는 '공교회성'의 확립을 지향한다

개인적인 묵상을 지향하는 Q · T는 기본적으로 '교회'에 대한 개념이 취약할 수밖에 없는데, 특별히 "공교회"(Catholic Church)에 대한 이해와 개념이 취약하다는 단점이 있음을 이미 살펴보았는데, 'C · T'는 기본적으로 그러한 단점에 대한 보완을 지향한다.

"공교회성"이란, 흔히 공공성(publicity)이라고도 칭하는 것으로 신앙에 있어서의 공통적인 성격을 말한다. 그러므로 그런 맥락에서 중요한 것이 "신앙(교리)의 일치(一致)"인데, 그것은 W.C.C.(World Council of Churches)와 같이 외형적인 연합을 이루는 것을 말하는 것이 아니다.

앞서 소개된 인물들 가운데서 드러나는 성경읽기의 특성을 정리하여 나열해 보면, 어거스틴을 통해 성경이란, 스스로 탐구하는 것이라기보다 성령님의 가르치심으로 말미암아 비로소 깨달을 수 있는 것이며, 그럼에도 불구하고 그것은 신비적인 방법이 아니라 성경본문 자체의 의미를 파악하는 가운데서 성령님의 지도로 비로소 믿고 확신하게 되는 것이라는 정리된 입장을 파악했다. 그리고 종교개혁시대의 루터, 인문주의자 에라스무스, 개혁신학의 대표적 인물 칼빈을 소개했는데, 그 가운데서도 칼빈에 이르러 강조된 외적(공적) 고백으로서의 신앙에 대해 살펴본 것처럼, 성경의 의미를 파악하는 읽기에 있어서도 그처럼 객관적(공적)인 통일성을 지향하는 것이 로마가톨릭과 다른 개신교 신앙의 원류(原流)가 지닌 특성이라는 것을 언급한 것에서 알 수 있듯이, 비록 개인적인 성경읽기일지라도 기본적으로 공교회적인 통일성을 중요하게 생각해야만 한다. 그러므로 'C · T'에서도 바로 그러한 공교회적 신앙의 통일성(일치)를 지향하는 것이다.

그러나 여기서 또 한 가지 생각해야 할 것이 있는데, 그것은 바로 신앙의 일치를 위한 공교회성의 추구 가운데 있는 말씀 사역자인 목사의 중요한 역할과 위치에 대한 것이다. 즉 교리문답을 가정에서, 그리고 주일날 예배당에서 공적으로 고백하는 것을 통해 뚜렷하게 나타나는 공교회적 신앙에 있어서 공적 직분의 역할이 또한 중요한 것이다. 그런데 그처럼 공적인 역할을 위하는 직분이 함께 할 수 없는 개인적인 성경읽기일지라도, C·T로서의 성경읽기는 이미 확립된 정통교리의 바탕 가운데 있다는 점에서 공교회적인 통일성을 지향하는 효과적인 수단이다.

결론

그동안 한국의 개신교, 그 가운데서도 장로교단들을 중심으로 확산된 Q·T는 신자들의 경건과 관련하여 상당한 역할을 수행해 왔다. 그러므로 이제 와서 Q·T를 제고(再考)하는 것은 자칫 부작용을 불러일으킬 수도 있다. 하지만 그럼에도 불구하고 Q·T에 대해 비판하는 이유는, 이미 말한바 그 기원이 결코 개신교적이지 않다는 점과 더불어 그 내용과 바탕에 있어서도 결코 개신교적인 성격을 지닌 성경읽기수단이 아니라는 점 때문이다.

읽기에 있어서 중요한 것이 바로 '의미'인데, 하나님께서는 자신이 말씀하신 것을 긴 역사(약 1,600년)를 통해 객관적이고도 확고하게 '성경'을 전해주심과 아울러, 그 의미의 전달에 있어서도 객관적이고 통일성 있는 공교회적 수단을 사용하셨으니, 그것은 바로 '말씀 사역자'와 성경의 진리를 확고하게 숙지하고 계승할 수 있는 체계인 '정통교리'다. 바로 그러한 수단들을 통해서 교회는 항상 공교회성을 유지, 계승해 왔던 것이다. 그러므로 Q·T가 비록 이제까지 성경읽기의 중요한 역할을 독보적으로 감당했을지라도, 이제는 이를 더욱 보완하여서 신앙의 객관성과 공교회성, 그리고 신비주의적인 위험을 충분히 배제할 수 있는 일치된 의미(성경의 의미)전달의 도구로 활용할 수 있는 C·T를 시작해 보자.

⇾ 부록-2

스코틀랜드 가정예배모범 영어본문

The Directory for Family Worship
ASSEMBLY AT EDINBURGH, August 24, 1647, Sess. 10.

ACT for observing the Directions of the GENERAL ASSEMBLY
for secret and private Worship, and mutual Edification; and
censuring such as neglect Family-worship.

The General Assembly, after mature deliberation, doth approve
the following Rules and Directions for cherishing piety, and
preventing division and schism; and doth appoint ministers
and ruling elders in each congregation to take special care
that these Directions be observed and followed; as likewise,
that presbyteries and provincial synods enquire and make trial
whether the said Directions be duly observed in their bounds; and
to reprove or censure (according to the quality of the offence),
such as shall be found to be reprovable or censurable therein.
And, to the end that these directions may not be rendered
ineffectual and unprofitable among some, through the usual
neglect of the very substance of the duty of Family-worship, the

Assembly doth further require and appoint ministers and ruling elders to make diligent search and enquiry, in the congregations committed to their charge respectively, whether there be among them any family or families which use to neglect this necessary duty; and if any such family be found, the head of the family is to be first adminished privately to amend his fault; and, in case of his continuing therein, he is to be gravely and sadly reproved by the session; after which reproof, if he be found still to neglect Family-worship, let him be, for his obstinacy in such an offence, suspended and debarred from the Lord's supper, as being justly esteemed unworthy to communicate therein, till he amend.

DIRECTIONS OF THE GENERAL ASSEMBLY, CONCERNING SECRET AND PRIVATE WORSHIP, AND MUTUAL EDIFICATION; FOR CHERISHING PIETY, FOR MAINTAINING UNITY, AND AVOIDING SCHISM AND DIVISION.

BESIDES the publick worship in congregations, mercifully established in this land in great purity, it is expedient and necessary that secret worship of each person alone, and private worship of families, be pressed and set up; that, with national reformation, the profession and power of godliness, both personal and domestick, be advanced.

I. And first, for secret worship, it is most necessary, that every one apart, and by themselves, be given to prayer and meditation, the unspeakable benefit whereof is best known to them who are most exercised therein; this being the mean whereby, in a special way, communion with God is entertained, and right preparation for all other duties obtained: and therefore it becometh not only pastors, within their several charges, to press persons of all sorts to perform this duty morning and evening, and at other occasions; but also it is incumbent to the head of every family to have a care, that both themselves, and all within their charge, be daily diligent herein.

II. The ordinary duties comprehended under the exercise of piety which should be in families, when they are convened to that effect, are these: First, Prayer and praises performed with a special reference, as well to the publick condition of the kirk of God and this kingdom, as to the present case of the family, and every member thereof. Next, Reading of the scriptures, with catechising in a plain way, that the understandings of the simpler may be the better enabled to profit under the publick ordinances, and they made more capable to understand the scriptures when they are read; together with godly conferences tending to the edification of all the members in the most holy faith: as also, admonition and rebuke, upon just reasons, from those who have authority in the family.

III. As the charge and office of interpreting the holy scriptures is a part of the ministerial calling, which none (however otherwise qualified) should take upon him in any place, but he that is duly called thereunto by God and his kirk; so in every family where there is any that can read, the holy scriptures should be read ordinarily to the family; and it is commendable, that thereafter they confer, and by way of conference make some good use of what hath been read and heard. As, for example, if any sin be reproved in the word read, use may be made thereof to make all the family circumspect and watchful against the same; or if any judgment be threatened, or mentioned to have been inflicted, in that portion of scripture which is read, use may be made to make all the family fear lest the same or a worse judgment befall them, unless they beware of the sin that procured it: and, finally, if any duty be required, or comfort held forth in a promise, use may be made to stir up themselves to employ Christ for strength to enable them for doing the commanded duty, and to apply the offered comfort. In all which the master of the family is to have the chief hand; and any member of the family may propone a question or doubt for resolution.

IV. The head of the family is to take care that none of the family withdraw himself from any part of family-worship: and, seeing the ordinary performance of all the parts of family-worship belongeth properly to the head of the family, the minister is to stir up such as are lazy, and train up such as are weak, to a fitness to these exercises; it being always free to persons of quality to entertain one approved by the presbytery for performing family-exercise. And in other families, where the head of the family is unfit, that another, constantly residing in the family, approved by the minister and session, may be employed in that service, wherein the minister and session are to be countable to the presbytery. And if a minister, by divine Providence, be brought to any family, it is requisite that at no time he convene a part of the family for worship, secluding the rest, except in singular cases especially concerning these parties, which (in Christian prudence) need not, or ought not, to be imparted to others.

V. Let no idler, who hath no particular calling, or vagrant person under pretence of a calling, be suffered to perform worship in families, to or for the same; seeing persons tainted with errors, or aiming at division, may be ready (after that manner) to creep into houses, and lead captive silly and unstable souls.

VI. At family-worship, a special care is to be had that each family keep by themselves; neither requiring, inviting, nor admitting persons from divers families, unless it be those who are lodged with them, or at meals, or otherwise with them upon some lawful occasion.

VII. Whatsoever have been the effects and fruits of meetings of persons of divers families in the times of corruption or trouble, (in which cases many things are commendable, which otherwise are not tolerable,) yet, when God hath blessed us with peace and purity of the gospel, such meetings of persons of divers families (except in cases mentioned in these Directions) are to be disapproved, as tending to the hinderance of the religious exercise of each family by itself, to the prejudice of the publick ministry, to the rending of the families of particular congregations, and (in progress of time) of the whole kirk. Besides many offences which may come thereby, to the hardening of the hearts of carnal men, and grief of the godly.

VIII. On the Lord's day, after every one of the family apart, and the whole family together, have sought the Lord (in whose hands the preparation of men's hearts are) to fit them for the publick worship, and to bless to them the publick ordinances, the master of the family ought to take care that all within his charge repair to the publick worship, that he and they may join with the rest of the congregation: and the publick worship being finished, after prayer, he should take an account what they have heard; and thereafter, to spend the rest of the time which they may spare in catechising, and in spiritual conferences upon the word of God: or else (going apart) they ought to apply themselves to reading, meditation, and secret prayer, that they may confirm and increase their communion with God: that so the profit which they found in the publick ordinances may be cherished and promoved, and they more edified unto eternal life.

IX. So many as can conceive prayer, ought to make use of that gift of God; albeit those who are rude and weaker may begin at a set form of prayer, but so as they be not sluggish in stirring up in themselves (according to their daily necessities) the spirit of prayer, which is given to all the children of God in some measure: to which effect, they ought to be more fervent and frequent in secret prayer to God, for enabling of their hearts to conceive, and their tongues to express, convenient desires to God for their family. And, in the meantime, for their greater encouragement, let these materials of prayer be meditated upon, and made use of, as followeth.

"Let them confess to God how unworthy they are to come in his presence, and how unfit to worship his Majesty; and therefore earnestly ask of God the spirit of prayer.

"They are to confess their sins, and the sins of the family; accusing, judging, and condemning themselves for them, till they bring their souls to some measure of true humiliation.

"They are to pour out their souls to God, in the name of Christ, by the Spirit, for forgiveness of sins; for grace to repent, to believe, and to live soberly, righteously, and godly; and that they may serve God with joy and delight, walking before him.

"They are to give thanks to God for his many mercies to his people, and to themselves, and especially for his love in Christ, and for the light of the gospel.

"They are to pray for such particular benefits, spiritual and temporal, as they stand in need of for the time, (whether it be morning or evening,) as anent health or sickness, prosperity or adversity.

"They ought to pray for the kirk of Christ in general, for all the reformed kirks, and for this kirk in particular, and for all that suffer for the name of Christ; for all our superiors, the king's majesty, the queen, and their children; for the magistrates, ministers, and whole body of the congregation whereof they are members, as well for their neighbours absent in their lawful affairs, as for those that are at home.

"The prayer may be closed with an earnest desire that God may be glorified in the coming of the kingdom of his Son, and in doing of his will, and with assurance that themselves are accepted, and what they have asked according to his will shall be done."

X. These exercises ought to be performed in great sincerity, without delay, laying aside all exercises of worldly business or hinderances, not withstanding the mockings of atheists and profane men; in respect of the great mercies of God to this land, and of his severe corrections wherewith lately he hath exercised us. And, to this effect, persons of eminency (and all elders of the kirk) not only ought to stir up themselves and families to diligence herein, but also to concur effectually, that in all other families, where they have power and charge, the said exercises be conscionably performed.

XI. Besides the ordinary duties in families, which are above mentioned, extraordinary duties, both of humiliation and thanksgiving, are to be carefully performed in families, when the Lord, by extraordinary occasions, (private or publick,) calleth for them.

XII. Seeing the word of God requireth that we should consider one another, to provoke unto love and good works; therefore, at all times, and specially in this time, wherein profanity abounds, and mockers, walking after their own lusts, think it strange that others run not with them to the same excess of riot; every member of this kirk ought to stir up themselves, and one another, to the duties of mutual edification, by instruction, admonition, rebuke; exhorting one another to manifest the grace of God in denying ungodliness and worldly lusts, and in living godly, soberly and righteously in this present world; by comforting the feeble-minded, and praying with or for one another. Which duties respectively are to be performed upon special occasions offered by Divine Providence; as, namely, when under any calamity, cross, or great difficulty, counsel or comfort is sought; or when an offender is to be reclaimed by private admonition, and if that be not effectual, by joining one or two more in the admonition, according to the rule of Christ, that in the mouth of two or three witnesses every word may be established.

XIII. And, because it is not given to every one to speak a word in season to a wearied or distressed conscience, it is expedient, that a person (in that case,) finding no ease, after the use of all ordinary means, private and publick, have their address to their own pastor, or some experienced Christian: but if the person troubled in conscience be of that condition, or of that sex, that discretion, modesty, or fear of scandal, requireth a godly, grave, and secret friend to be present with them in their said address, it is expedient that such a friend be present.

XIV. When persons of divers families are brought together by Divine Providence, being abroad upon their particular vocations, or any necessary occasions; as they would have the Lord their God with them whithersoever they go, they ought to walk with God, and not neglect the duties of prayer and thanksgiving, but take care that the same be performed by such as the company shall judge fittest. And that they likewise take heed that no corrupt communication proceed out of their mouths, but that which is good, to the use of edifying, that it may minister grace to the hearers.

The drift and scope of all these Directions is no other, but that, upon the one part, the power and practice of godliness, amongst all the ministers and members of this kirk, according to their several places and vocations, may be cherished and advanced, and all impiety and mocking of religious exercises suppressed: and, upon the other part, that, under the name and pretext of religious exercises, no such meetings or practices be allowed, as are apt to breed error, scandal, schism, contempt, or misregard of the publick ordinances and ministers, or neglect of the duties of particular callings, or such other evils as are the works, not of the Spirit, but of the flesh, and are contrary to truth and peace.